U0054115

迫切的擴張

搞懂理財、精彩退休！

全球都在尋找下一個經濟的信心來源，而且最好是用其他國家的錢買帳！

各國大玩愛借不還、頻頻祭出財務擴張政策，
通膨的壓力誰領受，債務氣球吹破了怎麼辦？
如何從政府不斷向人民伸手的角力中勝出？

Jack ◎著

推薦序

　　Jack 十多年前（1999 年）曾經在國際投信（現在是兆豐國際投信，是全國第一家投信，成立於 1983 年）與我共事，當時的他，青澀稚嫩，但是，年青中帶有些許自信，而這份自信，我也觀察得到。Jack 當時是在國際投資處，做研究員，我深信以國際投信當時的研究陣容，他必定獲益良多，更為他將來的成就，建立紮實的基礎。

　　果然，Jack 經過多年的努力工作，深入的觀察與體會，寫出了一本不可多得的好書，以簡單的語法，易懂的分析，貼近年青人的思想，娓娓道來全球經濟的危機、趨勢及自我砥礪、自我追求轉機的心得，為時下年青人，開出一條好路，幫助大家理解現況，前瞻未來。

　　本書雖然著眼於非經濟、金融本科的年青人，但是我拜讀完畢後，深感本科出身人亦可獲益，並且我以為由於它的易讀性，即使是 20 歲的讀者更可提早獲益。

丁予嘉
國票金控總經理暨華頓投信董事長

推薦序

　　從事保險業多年，「退休理財」一向是本人長期關注的議題。退休理財同時具有「長期」、「保險」、「投資」三大特徵，本應由政府結合各方專業人士共同參與。但現今除了政府在制度、管理、監督三者一肩挑之外，民間通常是扮演「商品提供者」的角色，從經濟趨勢和退休投資觀念著手者甚少，尤其近來許多討論退休理財的焦點，只集中在最簡單的投資報酬率和所得替代率的數字爭論中，將如此重要的政策用極簡化的方式呈現，觀念上的討論則付之闕如，不禁令人憂心。所幸，在台灣市面上眾多退休準備的書籍中，難能可貴的是終於見到《迫切的擴張：搞懂理財、精彩退休！》，一本涵蓋經濟和投資層面探討這個問題的佳作。

　　最近台灣最夯的議題之一是勞保會不會破產，如果大家要的只是個簡單答案，其實很容易，勞保當然不會破產，想必大家聽到這樣簡單的答案都會帶著質疑的眼神。沒錯，勞保不會破產，因為政府有許多財政及貨幣非常手段，可以讓勞保不至於破產，但是這並不代表大家的退休生活品質無慮，因為只要用簡單的算數就可以推算出，即使加保費、砍給付、改變平均薪資計算方式、提升投資績效，所有能做的都做了，十年後政府依然必須動用非常手段來支撐勞保，也就是說，這件事早已不是退休制度改革就能解決的了，我們

面臨的課題是如何以最低的財政經濟代價籌措財源，或更正確的說，如何將未來勞保對財政及經濟的傷害減到最輕。

不但是勞保令人憂慮，國民年金以及公保未來二、三十年的現金流量也同樣是財政與經濟的重大挑戰，難道軍公教退撫制度，甚至於健保沒有財務問題嗎？沒錯，它們都是人口老化社會即將帶來的問題中之一部分。先一步改制的勞退制度，是唯一可以讓我們鬆口氣的，大部分隱藏在勞退舊制中的債務，都會隨著勞工轉換工作而一筆勾銷，好消息是勞退提存不足的問題總算被壓制住了，壞消息是換過工作的勞工也因一筆勾銷而無法由勞退舊制領到任何退休金，所以事情好壞真的很難說。

這樣複雜的問題難免讓人疑惑，這麼多的壞消息更是讓人不安，甚至焦躁，這時各種情緒議題紛紛出籠，從18趴，到退休人員年終慰問金，加上公保要不要年金化，私校教師以及國營事業員工抗爭領不到勞保年金，依法領錢的人成為箭靶，只求眼前政治利益而做錯決策的人仍就安然隱身幕後，社會上又多了些對立的議題，但是這些紛紛擾擾的狀況過了以後，經過沉澱，終究會有一個人醒過來大聲對大家說：「別鬧了，這根本就是個經濟議題。」

當然不是每個人都有興趣追根究底，大多數人只想知道要如何為自己籌足退休收入，這是第一個看退休金問題的角度；技術官僚以及專業人士也許會把注意力放在如何改革退休金制度，加費、砍給付都在所難免，這是第二個看退休金

制度的角度；而政治領袖則面臨到如何帶領國家進入老年社會經濟，這是個很嚴肅的話題，在依承諾支付退休給付的同時，如何維持賦稅公平，減低通膨威脅，這些挑戰已經夠難了，但是這還不夠，最最根本的問題是如何維持經濟成長。

經過一番鋪陳，我們總算接觸到最根本的議題，只有維持經濟成長才能減輕人口老化過程中給社會帶來的痛苦與衝擊，當然說來容易做來難，從加強教育成效，到勞力結構改變，沒有一件事會是容易的，不過與其浪費力氣製造對立，不如及早認清問題根源，給問題一個解決的機會吧。德國的人口老化問題不比台灣小，退休給付財務負擔也不比台灣輕，但是高生產力讓德國人在面對老化問題時，信心無比，再看看希臘，持續衰退的生產力，不但造成財政問題，更讓整個社會在面對人口老化問題時幾乎不戰而降。

《迫切的擴張：搞懂理財、精彩退休！》讓我們了解到不同經濟背景因素的國家，在人口老化過程中將會遭遇到不同的機會與命運，美、歐、中各有各的優勢，其他國家有些借助天然或人力資源，有些則用盡心思靠著智慧與努力，無不刻意設法維持經濟成長動力；當然也不難找到負面教材，長期養尊處優的國家，逐漸養成貪婪懶惰的習性，面臨高失業率，卻寧可進口廉價外勞，也不願屈就辛苦的勞力工作。

《迫切的擴張：搞懂理財、精彩退休！》建議我們在找尋退休金制度調整方向時，不要忘了由經濟面著手，單純的思考增加保費，削減給付都是治標不治本的做法，既然仰賴

政府編列財政預算是挽救勞保無法避免的手段，我們應該用務實的態度找回經濟成長的手感與紀律，在經濟模型中，為老年給付負擔預留預算空間，感謝本書作者 Jack 為我們在退休議題上打開了一條新的思路，希望未來能有更多的文獻書籍，幫助我們的社會在退休議題上逐漸凝聚出共識。

吳家懷

永豐人身保險代理人董事長

目 錄

PART 3　策略篇　台灣新世代的機會

前言

　　許多人把 2008 年 9 月雷曼兄弟破產事件，當作是金融海嘯發生的原因。至少，筆者身邊很多朋友，提到金融海嘯，就是指雷曼事件。

　　雷曼破產後，引發一連串的銀行信用緊縮、公司裁員、經濟衰退。為了救經濟，政府發消費券刺激景氣；全世界中央銀行把利率壓到不能再低的水準；美國、英國、日本印鈔救市，QE（量化寬鬆）一次、二次不夠，2012 年還要追加第三次、第四次；中國大陸祭出 4 兆人民幣的巨額計劃，大把鈔票從中央流向地方；2011 年底，歐洲央行也加入印鈔行列，二次 LTRO（長期再融資操作）也灑出 1 兆歐元，為了救當時銀行體系即將乾涸的資金水位；2012 年 9 月，OMT（直接貨幣交易）更允許央行無限量購買歐洲國家主債券⋯⋯。

　　乍看之下，雷曼兄弟破產似乎是一切問題的根源；但是，筆者認為，雷曼事件本身不是原因，頂多是金融海嘯發生的方式。

　　諾貝爾經濟學獎得主保羅 · 克魯曼（Paul R. Krugman）最為人津津樂道的事蹟之一，是準確預測了亞洲金融風暴的發生。他在 1994 年於《外交事務》（*Foreign Affairs*）雜誌發表〈亞洲奇蹟的迷思〉（The Myth of Asia Miracle）一文，認為新興亞洲國家的經濟榮景，其實政府刻意低估匯率、大量資

本流入、整體生產力增加的表象所堆砌起來的，當技術提昇遇到瓶頸，資金流於炒作股匯房市時，榮景很快就會結束。當時他並沒有預測到會在 1997 年 7 月、由於泰國央行突然宣布改採浮動匯率而爆發。換句話說，克魯曼看到了現象、發覺了問題、預測了結果，但不會告訴你什麼時候發生，以及怎麼發生。

這是專業。

「末日博士」魯比尼（Nouriel Roubini）的成名之作，是預言美國房市、股市大泡沫，以及泡沫破滅後走向金融體系崩潰。他在 2006 年發言預測美國將會出現房市大泡沫，尤其點名次級房貸，但同時也指出步入衰退和金融危機的風險也急劇升高。當時他也沒有預測到 2008 年 9 月，金融海嘯會從美國財政部和聯準會放棄金援雷曼兄弟後開始爆發，甚至他也不曾點名雷曼。魯比尼同樣看到了現象、發覺了問題、預測了結果，但也不可能告訴你什麼時候發生和怎麼發生。

這也是專業。

本書是以「未來」為主軸，站在現在這個時點上，看著發生在當下的「危機」，判斷可能發生的「趨勢」，以及這一代青年應該有的投資態度。筆者的工作是投資，專業是總體經濟分析，金融市場、產業資訊、經濟數字、專業術語在書中在所難免，但是讀者不必因此感到畏懼，很多術語只是便於形容經濟現象的代名詞而已。筆者最大的目的，是希望用自己熟悉的專業，幫助讀者從本書中，了解下面三件事：

1. 認識當前的金融環境。

2. 選擇適當的投資工具。

3. 養成穩定的投資紀律。

我們這一代，甚至上一代的大部分時光，都和過去四十年全球金融、貿易、產業根本性變化離不開關係。從 1970 年代開始，金融創新、全球化貿易、資訊革命帶動全球性的經濟成長，利用資源創造財富成為二十世紀後半的顯學。然而在進入二十一世紀後，一味追求財富增長的副作用逐漸顯現，導致今天的金融環境不容樂觀。本書用了第一篇和第二篇的文字，說明上述三件事當中的第一件事。

第一篇講述在當前的金融環境下，隱含了四大風險：(1) 人類還在無限開採有限的石油資源，加上地緣政治的威脅，煉油廠控制產能，中美強權競相儲備存油，油價長期走升將造成物價全面「回不去了」的風險；(2)2012 年夏天糧食價格大漲，看起來是氣候因素導致產量不足，但背後更深的原因是糧食（財富）分配不均的問題，在各國敝帚自珍的態度下，糧食問題將成為全球經濟最不可預測的風險；(3) 金融海嘯差點造成銀行體系瓦解，各國濫印鈔票的結果使得貨幣價值加速折舊，但是也因為這場危機我們突然發現，全世界流通的鈔票，其實是建立在未來的債務基礎上，各國負債吹氣球式的增加，將加速貨幣體系全面崩壞的風險；(4) 過去四十年全世界享受了高度擴張的好日子，一部分原因是人們

變有錢了，另一部分是花錢的人變多了。消費世代的出現，與二次大戰後各國先後出現的嬰兒潮有著密切的關係，但人口老年化、少子化的出現，意味著好日子的結束，青壯年人口的減少，象徵未來經濟成長動能有著凍結的風險。

　　第二篇討論在四大風險下，未來可能發展的四大趨勢：(1) 美國債務問題日益嚴重，但嚴重性並不只在表面上所看到的 16 兆美元公共債務餘額，如果把美國三大社會福利體系：社會安全保險、醫療保險、失業保險都算進去，美國潛在的債務負擔可能超過 47 兆美元，相當於美國全國三年的經濟總產值。影響所及，甚至可能拖垮美國國力；(2) 歐元區債務問題延燒超過三年，迄今仍未有落幕的跡象，但是從歷史的角度來看，歐元區國家將會因為這場危機變得更加緊密，歐元不但不會解體，反而會以更健全的結構存在；(3) 中國三十年改革開放是人類史上的奇蹟，在「製造紅利」、「人口紅利」之後，中國的「制度紅利」將成為下一階段的改革重心，其中金融改革會成為重心中的重心；(4) 金磚四國之後，下一個崛起的經濟體在那裡？書中用大家都可以收集到的資料分析，得出來的結果竟然與許多大師的看法相類似！

　　第三篇用二章的篇幅，說明第二及第三件事。相較於前二篇的大量數據和分析，第三篇主要在強調觀念的建立。筆者長年的工作經驗和與無數投資朋友接觸的心得發現，一個人在不同環境、不同年齡層、不同投資目標下，投資屬性並不相同。在建立這一層的觀念後，將會驚奇的發現，所謂「積

極型、穩健型、保守型」的各式投資產品，都可以是每個人的投資標的。最後一章是有鑒於近期紛紛擾擾的退休金議題，特別寫給與筆者同一世代的讀者，也可供新世代的讀者借鏡：過去依靠政府、依靠工會、依靠社會福利過著舒適退休生活的時代已經過去。不管願不願意，越早建立「退休靠自己」的觀念，越有可能無須擔心退休生活。因為，真正需要的退休金數字，往往遠高於自己憑空想像；同時，退休金的累積，也不可能是一條隨著時間遞增的美麗曲線。

本書付梓之時，歐債危機沸沸揚揚、美國距離「財政懸崖」僅一線之隔、中國經濟快速降溫、日本甚至面臨停滯。全世界彷彿進入了魯比尼所稱的「完美風暴」當中。然而，危機何嘗不是轉機？本書雖然花了大部分的篇幅在說明各種危機和趨勢，但筆者更希望讀者能夠從投資觀念上作一番自省。當大家在高唱「這次不一樣」時，對亙古不變的投資觀念又何嘗不是另一次試煉？不一樣的是危機發生的方式，不變的是人類仍在朝向更好的未來前進。在這樣的前提之下，本書希望與讀者達成以下的對話：

1. 投資不是有錢人的專利，而是從年輕世代就需植入腦中的基因。
2. 低利環境、物價膨脹、薪資停滯仍會持續，累積財富的方式不應只是靠長時間被動的儲蓄，靠的是有紀律的投資。

3. 每個人都應該懂投資，但是並不代表每個人都要成為投資長。學習理財，嘗試了解金融市場運作，是當前現代人的必要生活技能。

本書的完成，得感謝揚智文化葉總經理，理財專家、「財經晚點名」主持人阮慕驊先生的大力支持；同時葉子出版的高明偉經理、范湘渝小姐、吳韻如小姐在全書的內容及編排上提供了十分寶貴的意見，在此一併致謝。

本書為筆者人生中的第一本著作，才疏學淺，訛誤難免，尚祈各界先進不吝賜教。

謹以本書
獻給我的父母、妻子，以及一對可愛的兒女

危機篇

環顧周遭，
危機四伏

二十一世紀的第一個十年，在泡沫、戰爭、強國殞落、大國崛起、金融體系崩壞中過去了。我們有了更緊密的全球化關係，有了前所未有的先進技術，有了無所不在的通訊網絡。但同時，我們也要為過去的揮霍在未來付出代價：

- 人類就快把能源消耗殆盡，而且還在自覺性地繼續消耗。
- 這一代吃得太多太好，下一代不知道還有沒有得吃。
- 過去三十年把未來三十年的錢都花完了，下一代最重要的任務是還債。
- 全世界人口越來越多，但花得起錢的越來越少。

環顧周遭，危機四伏。

這是最壞的年代，也是最好的年代。

1

原油 油氣依然衝天

> 要充分了解你的事實，
> 然後才能夠隨心所欲地扭曲和誤解。
>
> ——馬克吐溫

講到油價，請容我先說一個小故事。

2007 年夏天，美國西德州中級原油（WTI）[1] 價格正式突破每桶 70 美元歷史新高[2]，我在當時服務的公司例行會議報告上提到這件事，當時就被詢問這一波的原油價格上看到多少。

這是很正常的發問。通常在一個投資標的價格上漲到所謂的「新高」，也就是漲到前所未有的價位時，代表沒有人會確切知道還會漲多少。這時總希望有人能提出一個數字，讓所有人心裡有底，想追價的也不致於毫無根據的追買徒增風險，而當時的油價就是這麼回事。至於理由，技術分析高手會用許多術語、線圖、比例、指標等等告訴大家還會漲多少；如果是個股，基本面研究員會告訴你公司未來成長率預估，推測營收和獲利數字，從而推出目標價格；簡單一點的，拿一份著名券商的研

---

1 西德州中級原油（West Texas Intermediate, WTI），通常指美國自加拿大及墨西哥灣進口，運至美國中西部及沿海地區提煉的原油。屬於高品質的原油，西德州的原油價格常用來當作油價的參考指標。

2 2007 年 7 月 3 日，美國西德州輕原油（WTI）價格收盤為每桶 71.41 美元。

究報告也可以，上面有完整的假設、分析、結論，一時之間也很難說錯；更簡單的，可能，只是可能，略帶神祕的說：「聽說市場有人要做到 ×× 元」。

我雖然看得出來油價要漲了，黃金比例也告訴我一個目標價，但畢竟心裡沒個準，覺得不踏實；油價根本不適用於一般的股票分析模型，也沒有什麼公司獲利可言；研究報告呢，我也看了當時最著名的高盛分析師 Arjun N. Murti 的報告[3]，目標價 140 美元一桶！這數字我說不出來；再者，我也不認識 OPEC[4] 高官、美國總統、CFTC[5] 董事，不會有「第一手訊息」。

「95 元！」我把技術分析得出的建議價格減了一半，說出了一個數字，說得自己都有點心虛。

「不會吧，太誇張了！」顯然大家認為這個數字高得離譜。

不久，我很快的發現，大家錯了，我也錯了。原油價格在四個月後扣關每桶 100 美元，一年後更漲到每桶 145 美元[6]。各家研究報告紛紛調升目標價，Murti 再度調高原油目標價格到難以置信的 200 美元一桶。我也調高了目標價格，最高看到 125 元，自此再也不上調了。

我當時認為，消費力已經支持不了再高的油價了。

---

3 Arjun N. Murti 是當時高盛美洲能源產業的分析師，長期研究能源類股。2004 年提出「超級上漲」理論，預估將來的油價上漲無可避免。2005 年 3 月預言 2009 年油價可能達到每桶 105 美元，當時石油交易價僅為 54 美元。2008 年 5 月預測油價將在半年至兩年內達到每桶 150 美元至 200 美元。而油價也真的開始狂漲，Murti 因此名聲大噪。巴倫週刊（*Barron's*）甚至稱他為「原油先生」。

4 OPEC，Organization of the Petroleum Exporting Countries，石油輸出國家組織。

5 CFTC，Commodity Futures Trading Commission，美國商品期貨交易委員會。

6 2008 年 7 月 3 日，美國西德州輕原油（WTI）價格收盤為每桶 145.29 美元。

後來發生的事情大家也都清楚。油價還漲到更高的每桶147元，然後隨著金融海嘯的爆發狂跌到35元，過程中其實伴隨了複雜的因素，不完全只有消費能力一項。只不過有時候判斷一件事，很難面面俱到考量所有的層面，而且這些層面何者在當時是重點，何者只須參考，也很難界定。往往抓住一些自己有把握的原則加以判斷，就會提高勝算，即使不會在第二天立刻發生；而且，通常還需要一點運氣。

不過，這是很寶貴的一課。

什麼決定油價

你只要是30歲左右，有一部代步的交通工具，你每週可能得留意一下中油宣布最新油價，決定加油的時間；要換一台車也得計較一下排氣量，算算每公升跑的公里數；對瓦斯電價開始敏感；感覺到什麼東西都開始在漲價；出門吃飯也開始注意店家貼了張「因應成本上揚調整價格」的公告。

油價影響民生，影響我們每個人的荷包。

應不應該關心油價？當然應該！但接下來的問題就比較麻煩：「該怎麼關心？」

嗯，這個問題難度大多了。在許多的研究報告、報章雜誌、媒體報導的分析中，有關油價升降的因素羅列出來可以洋洋灑灑寫下一大頁。我把常見的因素簡單列表如**表 1-1**。

表 1-1　決定油價的各項因素

基 本 面	資 金 面	技 術 面
●主要消費國經濟成長 ●新興國家需求成長 ●OPEC/non-OPEC 產能 ●美國原油庫存 ●季節效應 ●替代能源價格 ●新油田的發現 ●探勘開採技術進步 ●地緣政治衝突 ●蘊藏量的增加 ●……	●美元兌主要貨幣匯率 ●央行貨幣政策 　（如量化寬鬆） ●熱錢進出 ●期權市場合約量及隱含 　參數 ●……	●各項技術指標 ●……

　　上面的每一項都是一個獨立的大課題，對大多數的投資人而言，要進行分析思考簡直就是不可能的任務。而我面對複雜問題的第一步驟是把它「簡化」，這種方法可以幫助我很快抓住問題的位置。

　　我把表 1-1 作了些許調整，如表 1-2：

表 1-2　修改後的油價決定因素

	供 給	需 求
短 期	●OPEC/non-OPEC 產能 ●美國原油庫存 ●央行貨幣政策（如量化寬鬆） ●地緣政治衝突	●美元兌主要貨幣匯率 ●熱錢進出 ●季節效應 ●替代能源價格 ●期權市場變化
長 期	●蘊藏量的變化 ●新油田的發現 ●探勘開採技術進步 ●油源運輸量	●主要消費國經濟成長 ●新興國家需求成長 ●替代能源普及性

　　許多分析認為，油價的波動取決於「供給」和「需求」。這句話絕對沒有錯，但問題是什麼是供給，那些又是需求，有些是短期因素，有些是長期趨勢，交雜發生相互影響，往往混淆我們的判斷。有了**表 1-2**，幾乎所有的因素都可以在這四個象限上找到位置。例如，當我們看到某天油價上漲，分析原因是美國公布原油庫存低於預期，就可以得知上漲的油價大部分是在反應短期供給因素。

　　「這樣做，有什麼幫助呢？」

　　幫助可大了。「簡化」就是要把複雜的問題變簡單，讓我們可以比較輕鬆的面對市場變化。你可以不用記得每個象限裡的個別項目，重要的是這個象限的架構。日後發生任何一件影響油價的事件時，你只要思考一下，試著把它填入其中一個空格中就行了。

　　「這好像沒有回答到問題。」

　　我這麼說好了。我們都知道原油的實際供需基本上決定了原油市場的存在，但很不幸的，真實的油價，卻不完全是今天原油公司生產多少桶油，以及消費者用了多少桶油決定的。原油有一個交易市場，**價格是用有多少桶油在原油市場上被「交易」決定的**。一旦交易價格決定了，所有屬於這個交易市場上的原油，無論生產者或消費者，都用這個價格決定資產的增減。

　　「這有點難懂。」

　　很難懂嗎？我用個類比的方式說清楚點。

　　股票，大家都懂吧。每天在集中市場交易的股票，大多只占這個公司發行在外股份中很小的百分比。然而，這個小小的百分比股份的交易，決定了這個公司每天價值的變化，手中有股票的大中小股東，只要股份沒有賣光，就用這個價格決定財富……

　　這樣說，各位了解了嗎？

　　在股價分析上，有人用基本面，告訴你產業趨勢是什麼；有人用資金面，從貨幣市場 M1b 和 M2 年增率告訴你股市有沒有活水；有人用技術面，指標翻揚、相對強弱……，同樣讓人眼花撩亂。如果我們要分析「央行貨幣政策」、「美元匯率」，那會是多大的工程！用分類的方法後，我們很快就可以知道是短期或長期、供給或需求的因素在影響目前的油價，無論發生什麼事，都可以在分類表上找到位置。一旦確定了油價波動的因素，我們就可以判斷這個波動是不是影響最深層的長期脈動，還是暫時性的價格偏離。

　　「等等，為什麼『央行貨幣政策』屬於『短期供給』；『美元匯率』和『熱錢進出』屬於『短期需求』？」

　　呵呵，你很細心喔，已經問到細節問題了。好吧，在談原油的真正供需前，應該有必要說說影響短期變化的最重要因素。

　　前面說過，原油價格的決定，有時候並不完全是原油本身供需而已。因為交易是發生在**金融市場**（主要是在商品期貨交易所），計價的媒介是**貨幣**、單位是**美元**，**貨幣數量**（更簡單

的說是美元數量的多寡）必然會影響追價的意願，也就是：

1. 央行貨幣政策決定了貨幣供給的鬆緊：好比美國聯準會（FED）[7]的量化寬鬆（Quantitative Easing, QE）[8]政策大印鈔票灑向全世界，全世界突然平白無故多了這麼多鈔票，金融市場就多了一大筆可用的資金。

2. 美元匯率升貶決定短期持有商品的意願：全球幾乎主要的商品交易均以美元計價，美元貶值使得商品「價值」面臨損失，通常會以「價格」上漲作為彌補。例如美元兌所有非美元匯率同時貶值百分之十，在原油供需狀況沒有變化的前提下，原油「價格」會以上漲百分之十作回應，以維持原油「價值」的不變[9]。

3. 熱錢是短期價格能否持續的決定因素：有了多餘資金，也有美元貶值環境，但還得要把錢放進原油市場，價格才有上升的可能；再好的標的，也要有資金在買才會漲啊。圖 1-1 說明熱錢對原油期貨市場的影響。

7 美國聯邦準備系統（Federal Reserve System，簡稱 FED），也稱聯準會，是美國的儲備銀行，地位類似我國的中央銀行。1913 年成立，主要任務是管理美國銀行業，制訂貨幣政策，現任主席為柏南克（Ben S. Bernanke）。

8 美國聯邦準備理事會 2008 年因應金融海嘯造成的銀行及房市體系崩潰，消費投資不振，分別執行購買公債的「量化寬鬆」政策。簡單來說就是加印鈔票購買政府公債，釋放資金到市場，以壓低利率，期望能夠刺激消費及投資。2010 年 11 月執行第二次，2012 年 9 月又進行第三次，每月買進 400 億抵押貸款債券；12 月 12 日宣布每月再買進 450 億美元長天期公債。

9 例如新台幣兌美元從 30 元升值到 27 元，油價維持在每桶 100 美元，相當於原本要用 3000 元新台幣（30×100）才能買到一桶原油，現在用 2700 元新台幣就可以了。此時若原油要維持原有的價值，也就是一桶新台幣 3000 元，油價應該會漲到每桶 111 美元才行（3000/27）。不過這是極度簡化的假設及算法，實際金融市場交易情形複雜很多，此處用於解釋觀念便於理解。

圖 1-1　美國 CFTC 原油期貨未平倉合約數（上）及淨多單（下）

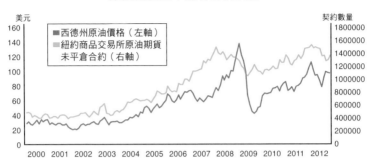

原油期貨未平倉合約與油價

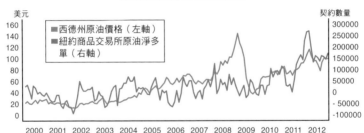

原油期貨淨多單與油價

註：此處引用的資料，未平倉合約數包括了產業（commercial）及非產業（non-
　　commercial）的總和，表示整體參與者增加的趨勢；淨多單則只參考非產業的數字，
　　因為非產業多為短期投機者（speculator），比較能表現出市場看多或看空的氣氛。
資料來源：CFTC、彭博資訊，1993-2012 年 2 月

　　俗話說：「人多的地方才有魚抓」。圖 1-1（上）紅色線
為原油價格走勢，綠色線顯示原油期貨市場的未平倉合約餘
額，也是期貨市場中有多少資金的重要指標。這個指標在
2004 年起快速增加，2007 年底達到第一波高峰；2009 年以
後美國二次「量化寬鬆」政策印出巨額鈔票，原油期貨市場

成為最佳投機標的之一，2011年達到第二波高峰。只要未平倉合約餘額增加，代表各方資金湧入原油市場，可以看到價格也開始走揚！圖1-1（下）藍色線是原油期貨的淨多單的餘額，這個數字表示在原油期貨市場上，有多少資金是預期油價上漲的，是市場對未來一段時間油價走勢的參考。這個指標在2004年以後也出現緩步上升趨勢，2009年以後同樣在量化寬鬆的政策下，看漲的氣氛開始急速上升；而油價也明顯隨著看漲氣氛真的上升了。

油價在十年間快速上揚，和金融市場的推波助瀾，大量游資充斥市場有絕對的關係。

現在大家談論的「能源危機」，主要的立論是說石油供給有限，但是需求大增，油價長期而言是趨漲的。只是，每天在期貨市場漲漲跌跌的油價，**基本上就是一套買油的錢和一套賣油的錢在作戰。**當買油的錢多於賣油的時候價漲，反之則價跌。儘管背後的原因，可能是庫存上升，可能是美元貶值，也可能是美國對伊拉克開戰。

「我們為什麼要知道這些事情？」

因為我們每天買油、每天用油、油價真的很重要。

當前的油價

接下來要正式談談原油的供需，也就是影響油價最根本的原因。我不想用太多恐嚇性的字眼談論「能源危機」，而

是想談「能源現象」，有時候一些佐證的資料是必要的。讀者們先別擔心看到太多的數字和圖表而失去耐心，只要感覺一下就好，不用記起來就是了。

記得在學生時代每天騎摩托車上下課，當時的油價每公升15元；第一次到美國自助旅行，還加過每加崙75美分（0.75美元）的汽油，相當於每公升不到新台幣 7 元（1 加崙相當於3.785 公升）。那時的油價每桶約 20 美元，是現在的五分之一，想想好像是上古時代的事。

不過現在的油價的確站上了高點，高到已影響到我們的生活。圖 1-2 中藍色線為近一百五十年來的油價絕對數字變化，綠色線是以 2011 年物價水準，計算當時價格的還原值。1860 至 1880 年石油產業興起時，油價也曾經歷過二十年的

圖 1-2　原油長期價格走勢

- 以 2011 年物價水準，計算當時價格的還原值
- 近 150 年來的油價絕對數字變化

註：1861-1944 年為美國本地平均油價
　　1945-1983 年為阿拉伯 Ras Tanura 輕原油價格
　　1981-2011 年為北海布蘭特原油價格
資料來源：BP Statistical Review of World Energy，2011 年 6 月

價格的大起大落，但當時石油的重要性和現在相比是不可同日而語。而二十世紀前半期，油價大多處於相當穩定的階段，即使大蕭條時期及二次世界大戰期間，油價的變化也都在個位數區間內盤整，換算為今日價格在每桶 10 至 30 元之間。近十年的油價確實是以暴衝的走勢，即使用物價水準還原，也是史上最高的時期。

油價真正出現巨幅波動，1970 年代是重要的分水嶺，自此以後油價波動長達四十年。這四十年可以區分為前後二個時期：

1. 前二十年（1970-1990）基本上是供給面決定油價，更簡單來說就是中東地區的供給。從二次石油危機、波灣戰爭到伊拉克戰爭，只要中東地區不穩定，包括戰爭和禁運，供應鍊出現斷裂，油價就會上升；80 年代中期後，中東沒有大規模的戰爭，即使是經濟擴張時期油價不漲反跌。這段時間全球經濟以歐美日等國為主體，其中又以美國最為重要，原油市場主要以穩定供應已開發國家為要務。

2. 後二十年（1991-2010）則是需求面主導了原油供需平衡。原本伊拉克戰爭結束後，歐美確保原油來源無虞，理應使油價更加穩定。然而冷戰結束，蘇聯解體、中國改革開放、新興國家開始走向市場經濟，原油需求量大增，我們從**表 1-3** 可以看出其中的差異 [10]。

[10] 本章所參考的原油供需數字，是根據英國石油（BP）年度報告，與其他統計機構如 EIA、IEA 等或有出入，但這是統計範圍和估計方式的不同，不影響結論。本章採取同一來源資料，以求資料一致性。

表 1-3　全球主要國家／地區原油需求量

單位：萬桶	每日用油量 （2000）	每日用油量 （2010）	增減百分比	占全球比重 （2010）
美國	1970	1915	-2.8%	21%
德國	275	244	-11.3%	2.9%
日本	553	445	-19.5%	5.0%
中國	477	906	90%	10.6%
巴西	202	260	28.7%	2.9%
印度	226	331	46.5%	3.9%
俄羅斯	270	320	18.5%	3.7%
OECD 國家	4813	4644	-3.5%	52.5%
非 OECD 國家	2248	4094	82.1%	47.5%
全球總計	7661	8738	14.1%	100%

註：OECD：經濟合作開發組織（Organization for Economic Co-operation and Development）
資料來源：BP Statistical Review of World Energy Full Report 2011

　　實際上 2000 年至 2007 年，歐美國家用油需求還是緩步增加的，但 2007 至 2010 年用油需求明顯減少，最大原因是金融海嘯造成歐美國家經濟重創，至今尚未回到 2007 年的水準；另外部分的原因是歐美日等國致力於其他能源的開發，逐步減少對原油的依賴，例如美國從油頁岩中開發天然氣，取代部分原油需求。然而，歐美國家對原油需求的減少，完全被新興經濟體增加的需求取代，甚至超越。過去十年間全球每日用油量增加了 1000 多萬桶，成長 14.1%，其中新興國家（以非 OECD 國家代表）十年間用油成長了 82.1%，增長幾乎全來自新興國家的貢獻。現階段已開發國家（以 OECD 國家

代表）原油需求仍占全球的一半以上（52.5%），但預估新興國家很快就會超越（見**圖 1-3**）。

圖 1-3　原油需求比重

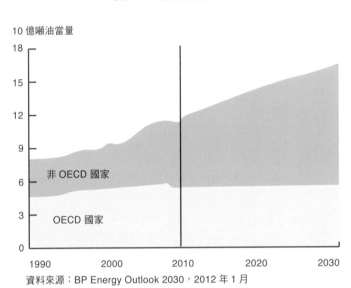

10 億噸油當量

非 OECD 國家

OECD 國家

1990　　　2000　　　2010　　　2020　　　2030

資料來源：BP Energy Outlook 2030，2012 年 1 月

蘊藏量、生產量、消費量

目前的油價處於有史以來最高的水位，而且也不過是 2000 年以來十年間發生的事而已。前面初步的分析結果，最大的原因是來自於需求結構的改變。面對需求看似無止境的擴張，地球的石油很快就會消耗殆盡，油價似乎終究要一飛沖天。事實上會是這樣嗎？

前面分析過，無論從實際用油或是資金進出，油價是多種因素的供需決定。單純就原油供需來看，有三個數據必須要先了解：

1. 蘊藏量：通過地質與工程資訊以合理的估計，在現有的經濟與作業條件下，將來可從已知儲藏開採出的石油儲量。
2. 生產量：在目前的產能下，實際產出的原油數量。
3. 消費量：最終原油消費數量。

這三個數據中，消費量是最容易理解的，前面已經談過了。新興國家對原油需求增加，不論原因為何，是經濟成長或戰略所需，最終反應的就是消費量的提高。我們接下來主要談的是蘊藏量和生產量。

蘊藏量是會變化的

我們先看蘊藏量[11]。圖 1-4 為過去二十年間全球已載明原油蘊藏量的變化。

圖 1-4 告訴我們非常重要，也很有意思的二件事：

1. 1990 年代，全球已知的原油蘊藏量為 1 兆桶，十年後增加了 22%，又過了十年再增加了 30%。**蘊藏量是會變化的**，而且隨著油價的上升，會加快探勘新油源的步伐，原本屬於高開採成本的油源，如深海油源，也有了開採價值。

---

11 這裡談的蘊藏量，是指探勘過後確定具有開採價值的儲藏量，不具開發價值不在討論之列。

2. 中東地區仍然是油源的帶頭大哥，至今還有全球將近
   一半的原油儲藏，估計未來二個世代中東地區仍然可
   以吃喝不盡。不過，中南美洲和非洲的比重不斷提高，
   二十年間非洲新發現了 1.2 倍的油源，中南美洲更增
   加了 3.36 倍，重要性大幅提高 [12]。

圖 1-4　全球原油蘊藏量

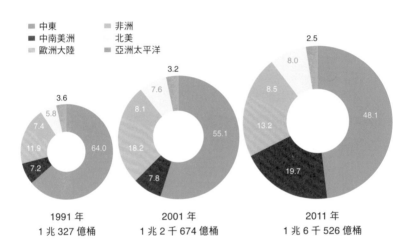

| | 1991 年 | 2001 年 | 2011 年 |
| 1 兆 327 億桶 | 1 兆 2 千 674 億桶 | 1 兆 6 千 526 億桶 |

區域	1991 年	2001 年	2011 年
中東	64%	55.1%	48.1%
中南美洲	7.2%	7.8%	19.7%
歐洲大陸	7.4%	8.1%	8.5%
非洲	5.8%	7.6%	8.0%
北美	11.9%	18.2%	13.2%
亞洲太平洋	3.6%	3.2%	2.5%

資料來源：BP Statistical Review of World Energy Full Report 2012

---

12 非洲：2011 年估計蘊藏量 1324 億桶，相較 1991 年 604 億桶增加了 1.2 倍。
　中南美洲：2011 年估計蘊藏量 3254 億桶，相較 1991 年 746 億桶增加了
　3.36 倍。

　　中南美洲是近年來原油市場中最值得矚目的區域。像是委內瑞拉長期站在美國政策的對立面，所憑藉的就是不斷探勘及開採出來的原油，根據 OPEC 的估計，2011 年委內瑞拉的原油蘊藏量，達到 2965 億桶 [13]，已超過沙烏地阿拉伯的 2645 億桶，成為全球第一。巴西自 2005 起陸續在東南及東北外海發現新油田，包括 2007 年發現 Tupi 油田，2008 年發現朱庇特油田，是近二十年來全球探勘到蘊藏量最高的油田，總規模估計高達 465 億桶。這些油田的發現將使得巴西的原油能夠自給自足外，還有能力出售。

生產量是可控制的

　　接下來看生產量，**圖1-5** 是全球原油分區域的生產量歷史圖：

圖 1-5　全球原油生產量

百萬桶／日

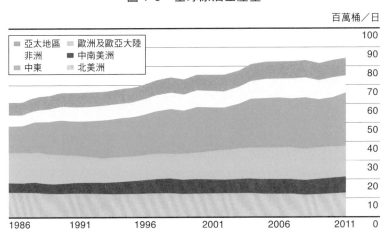

資料來源：BP Statistical Review of World Energy Full Report 2012

---

13 美國地質研究所曾表示委內瑞拉境內及外海原油蘊藏量超過 5000 億桶，不過這個數字不被市場接受。另外，委內瑞拉開採的石油基本上屬於重油，品質較差，需要較高的提煉成本。

從圖 1-5 來看，全球的原油生產量長期而言是緩步上升的，而且各地區的產量比重分布很平均且穩定，中東超過三成、歐洲及歐亞大陸占二成、北美地區 15%、亞洲 10% [14]。

除了原油的生產之外，另一個重要的供給指標是**煉油**。因為原油開採出來並不能直接使用，必須經過分餾、裂解、重組等過程，才成為可使用的成品油。好比農夫種出的稻米並不能直接食用，必須經過碾米、去殼等過程一樣。原油價格是煉油廠的成本，實際上最終油品的供給數量，是決定在煉油廠的產能與產出。圖 1-6 表示全球各地區煉油廠產能利用率的變化，也就是煉油廠產量占其產能的比率：

圖 1-6　全球煉油廠平均產能利用率走勢

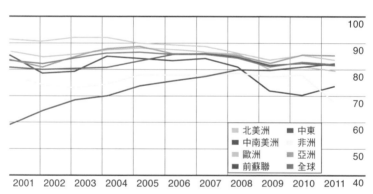

資料來源：BP Statistical Review of World Energy Full Report 2012

---

14 2010 年的統計。在這裡，我們不去考慮一些難以估計的產量差異。例如石油輸出國家組織（OPEC）設定的產量上限通常低於實際產出量的問題。

　　圖 1-6 中的第一個現象是：煉油廠產能利用率很少超過九成，原因包括歲修、氣候（如颱風）、預留備用產能等因素，如果有一天發現產能利用率超過九成，油價可能要漲上一大波。

　　第二個現象是，十年來全球煉油廠的產能利用率基本上是緩步向下的，2005 年為 85%，2010 年為 81.5%。除了亞太地區以外，多數地區的產能利用不增反減，與同時期的油價走勢正好相反。

　　「奇怪了，如果供不應求，又有利潤可圖，為什麼不增加產量？」

　　這問到了最關鍵的問題！

高油價還能持續

　　我認為有三個原因解釋。

　　首先，經過了二次石油危機，產油國意識到「合則互利，分則互害」。**油價的穩定上升對所有產油國均有利**，尤其來自新興國家的需求暴增，長期需求的結構出現了變化，原油的需求來源不限於傳統歐美等國，生產國得以分散少數需求來源的風險，維持高檔油價更成為可能。因此在油價高漲的過程中，即使 OPEC 對會員國的生產配額往往低於實際產出（表示有人多生產偷賣），非 OPEC 會員國彼此間也沒有強大的生產約束力，原油產量也並沒有因為價格高漲而大量增加，而是跟隨著需求穩定上升。

其次，中東、非洲、中南美洲等主要產油國很多是依賴歐美大型煉油公司合作，煉油廠的產出控制在歐美公司手中，圖 1-6 的說明已告訴我們，只要煉油廠控制產能利用率，市場上油品「供不應求」的現象就可以維持，油價自然易漲難跌。亞洲國家過去十年原油需求暴增，煉油廠產能大幅開出，的確是「供不應求」；歐美國家需求增加十分穩定，煉油廠可以控制「供給」來維持價格。

第三，全球陸地和淺海經過長期的探勘開發，重大油氣發現的數量已越來越少，規模越來越小，非常態油氣資源的開發越顯得重要，包括油砂、油頁岩及深海石油。其中，深海石油的產量成長最快，2010 年已占總石油產出的 8%，是 2005 年的 2 倍[15]。深海油田是原油開採中成本最高的一項，以 7000 公尺的深海油田為例，每桶的平均成本高達 55 至 75 美元[16]，油價必須在這個水準之上，深海油田才具有開採價值。由於鑽探技術不斷進步，深海原油的開採比重不斷提高，雖然成本不低，但在高油價已成趨勢下，仍然有利可圖。2000 至 2005 年，全球新發現油氣蘊藏量約 164 億噸，其中深海占 41%、淺海占 31%、陸地占 28%，2007 年起巴西外海探得的巨大油田也屬於深海油田。這說明了人類開採石油已經過了「遍地黑金」的時代，未來深海油的比重只會越來越高。在成本推升的情形下，油價要反向走回長期跌勢的機率並不高。

「那麼，油價還會在這麼高的地方嗎？」

---

[15] 根據美國石油協會（API）2012 年 1 月年會報告。

[16] 包括開採成本每桶約 25 至 35 美元，煉油成本 15 至 20 美元，營運及其他成本 10 至 20 美元，因各地區及開採商成本結構不同而有所差異，此為估計數字。

　　嗯，我想是的。除了上述供需原因之外，低利率環境及美元弱勢的趨勢在可見的未來一段時間仍不會改變，這也提供無限量的資金四處尋找投資標的。美國「量化寬鬆」把過去三十年貨幣政策主導的經濟思維發揮到極致，歐洲央行、日本央行也跟上腳步一起灑錢。「全球錢、淹腳目」已成為事實，但這裡的「錢」是指鈔票，而不是財富。在未來一段長時間，有效需求恐怕難以恢復，因此，低利率時代仍會持續，美元持續弱勢，大量游資流竄，美元計價商品也無可避免維持在高水位。

　　「那油價會不會一路往上漲，好比說 200 美元一桶？」

　　呵呵，關於這一點，我倒是比較樂觀。

　　許多研究認為油價會不斷上揚的原因之一，是原油在未來數十年間就會開採殆盡。我們拿前面所提到的蘊藏量和生產量來比較一下，從表 1-4 中發現一個很有趣的現象：2001 年時若計算還有多少石油可用，會發現大約只剩四十六年就會開採殆盡；但有趣的是，十年後到了 2011 年，這個數字非但沒有降為三十六年，反而增加到五十四年！

表 1-4　全球原油可開採年數估計值

	2001	2011
儲量（10 億桶）	1267.4	1652.6
生產量（百萬桶／日）	74.8	83.6
可開採年數	46.4	54.2

註：根據 BP Statistical Review of World Energy Full Report 2011 估算

圖 1-7　全球原油儲量－產量比變化

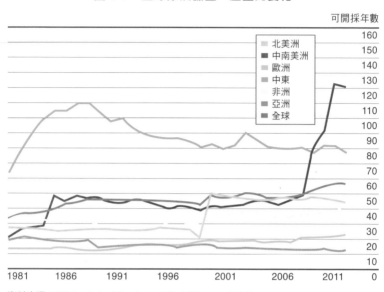

資料來源：BP Statistical Review of World Energy Full Report 2012

　　圖 1-7 將這個儲量－產量比的歷史資料作了分析，可以看到中南美洲的蘊藏量在 2007 年以後明顯跳升，使得全球原油供給年限再度延長。這說明未來中南美洲必然將成為全球重要的原油生產地區之一。

　　到這裡，各位了解了吧！前面提到「蘊藏量是會變化的」、「生產量是可控制的」二個現象，使得油價不太可能在短期大幅飆升。

　　雖然高油價對生產者而言是共享其利，但暴漲的油價對

需求造成的衝擊，對所有人是百害而無一利。如同我在本章所述的故事中，消費力是無法支持天價般的原油。因此，**最有可能的狀況是，長期油價會依消費力及物價上升緩步走揚。**

「大家少用一點，節儉一點，不就可以減少消耗了？」

這個嘛，我也很想節能減碳愛地球，現在多半的時間是搭大眾運輸工具上下班，也大量減少開車的頻率，水電瓦斯開關隨手關掉，夏天也盡量減少開冷氣的時間。但是我懷疑全世界一起行動的能力與意願。

2011 年全世界原油消費量平均每日 8803 萬桶，較前一年成長 0.7%，相當於每天增加 59 萬桶，繼 2010 年成長 3.1% 後連續第二年成長。過去十年，只有在金融海嘯時期，2008 至 2009 年出現連續二年負成長。不只如此，石油 0.7% 消費的成長，是所有石化燃料中增幅最低的 [17]。換句話說，海嘯剛過，大家又開始發展經濟了。這趨勢很難抵擋，國家要發展，人類要追求更舒適的生活，政治人物需要選票。

而且，不要忘了前面說過，生產量是可以控制的。只要原油還是人類最主要的能源，就算需求量降低，只要高成本油源停止開採，或是煉油產量順勢下調，依然會造成「供需吃緊」的現象，油價早晚會回到高水位，金融海嘯前後就是最好的例子。

「替代能源呢？難道沒有辦法取代石油，讓我們生活好過一點？」

替代能源的確是個好主意，人類工業革命以來長達二百

多年向「地下」找能源的方式，開始往「地上」發展了，而且多半乾淨，低汙染。長遠來看，替代能源雖然很難完全「替代」，至少重要性會「逐步」上升。

但是請注意「逐步」二個字，我認為替代能源的「替代」能力，在未來二十年間都不會太顯著，反而煤炭和天然氣「替代」石油的能力比較高。請看圖 1-8：

圖 1-8　全球能源使用比率預估

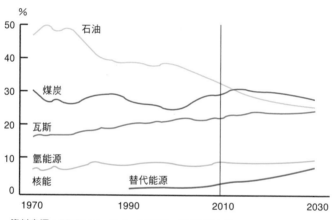

資料來源：BP Energy Outlook 2030，2012 年 1 月

替代能源最大的障礙不在成本問題，而在於沒有一種替代能源能夠普及性的取代石油。核電的安全問題在 2011 年日本福島核電廠危機中完全曝露，水電、風力受到地理區域影響太大，歐美日最有發展潛力的太陽能，即使技術進步快速，

成本也有效下降,但仍需高額的政府補貼才能延續。在當前
歐美日等國債台高築、自顧不暇的情形看來,太陽能在短期
內大規模開展的機率真的不高。

未來影響油價的其他因素

「好了,我接受未來還得過著高油價的苦日子。如果油
價真如你所說的緩步走揚,只要努力工作賺錢,苦一點還是
過得去吧!」

我很想說是,但專業告訴我並不會盡如人意。如果石油
價格從此走向坦途,那天下就太平了。不幸的是,天下太平
的機率從古到今都不高。

我們在這裡不討論經濟上的繁榮及衰退對原油供需的影
響,好比歐債問題惡化導致全球進入二次衰退、新興市場持
續成長加深對原油的依賴,或是中東地區的緊張情勢。以下
我們談一個非經濟的,但深切影響原油供需及價格的因素。

中美戰備儲油大戰

所謂戰備儲油(Strategic Petroleum Reserve, SPR),
是指一國為預防因戰爭等因素而導致石油進口或生產中斷,
會以該國一日平均用油量規定需最少儲備一定數量的石油。
有些國家會簽署條約以在需要時可互相調用戰備儲油[18]。這
個概念起源於 1973 年中東戰爭,中東石油生產國對西方實施

---

18 引用維基百科的定義。

禁運，造成石油供應中斷，用油國出現物價飆漲、經濟衰退，影響國際地位及競爭力。為避免未來石油供應國之間的區域問題造成全世界的負擔，西方國家成立國際能源總署（IEA）後，要求會員國至少要儲備 60 天的國內用油，二次石油危機後提高到 90 天。

1975 年美國總統福特因應國際能源總署的要求，簽署《能源政策和儲備法》（EPCT），1977 正式開始實施戰略石油儲備計劃。此計劃進行長達十年之久，1987 年美國的戰備儲油累積已達到了 5.12 億桶石油的水準。不過有意思的是，這段期間的油價並沒有因為美國的戰略布署而上漲，反而是向下盤跌[19]。

到了 2001 年初，美國小布希總統要求將戰備儲油在 2005 年底前提高到 7 億桶，理由是由於需求上升，換算成當時美國的戰備儲油量僅剩下 25 天。此決定相當於在未來六十個月中，每個月另外購買近 300 萬桶的原油！然而此時美國對全球油價的影響力已非同日而語，油價從此一飛沖天，由最低不到 20 元衝到 2005 年中將近 70 元[20]。

戰備儲油的實行，使得美國在緊急危難時發揮關鍵作用。2005 年 8 月卡崔娜颶風襲擊墨西哥灣，造成灣區產油與煉油設施的重大損失。美國緊急釋出戰備儲油共 1560 萬桶，解決了煉油短缺危機。2012 年 3 月，美國戰備儲油量約為 6.95 億桶。

---

19 因為同時期各國積極開發油源，1982 年非 OPEC 國家的石油產量正式超過了 OPEC 國家，供給大幅提高，油價不漲反跌。

20 2005 年 8 月 29 日西德州原油價格 69.81 元。

圖 1-9　美國戰備儲油量與西德州原油價格

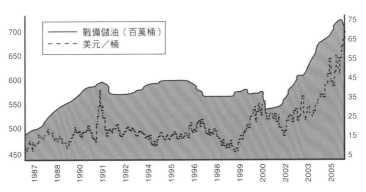

資料來源：http://blog.roodo.com/oilinsight/archives/1804640.html

　　同樣的故事，這次主角換成中國。

　　中國身為崛起大國，深知石油的戰略地位，由於超過二分之一的原油需求靠進口，因此穩定且豐富的油源便成為積極拉攏的對象，方式包括購油、合作探勘及開採、投資入股、參與基礎建設等等。例如非州第一大產油國尼日，中國石化集團於 2004 年投資 5 億美元進行海上石油探勘開發，同時每日進口 7 萬桶原油；2005 年中國海洋石油集團以 23 億美元買下尼日 AKPO 油田 45% 股權。

　　另外中南美洲的委內瑞拉，2004 年僅每日出口 2500 桶原油給中國，到了 2011 年底每日超過了 20 萬桶。中國承諾在委內瑞拉境內進行石油共同開採、煉油廠及儲油槽興建等「包攬契約」全面合作開發計畫。在阿根廷及巴西，也進行

包括天然氣、鐵路、管線，甚至電訊網路等基礎建設，以爭取未來穩定可靠的油氣供應。這些產油國家急於擺脫美國或西方國家在經濟方面的依賴，建立自主性，對中國的投資與合作顯得相當積極。

2010 年 1 月，中國已經完成石油戰略儲備一期工程。四個儲油基地鎮海、舟山、黃島、大連已投入使用，儲備總量約 1 億桶，相當於中國 10 多天的原油進口量。二期戰略石油儲備基地建設以西北各省為主，預計 2012 年完工，到時中國總石油儲備能力可達 2.72 億桶。中國最終的計劃是在 2020 年完成全部戰備儲油的工程，總共將儲備 5 億桶原油，相當於 90 天的石油進口量，屆時中國的石油儲備規模將位居世界第二（見**表 1-5**）。

中國，開始買油了。

油價會不會因此出現又一波漲勢，很難判斷。不過，筆者相信，這是又一波原油大戰的開始。

表 1-5　中國戰備儲油二期工程

	地點	儲量（百萬桶）
第一期工程	浙江鎮海	32.7
	遼寧大連	18.9
	山東黃島	18.9
	浙江舟山	31.4
	合　計	101.9
第二期工程	新疆獨山子 1	18.8
	新疆獨山子 2	15.1
	甘肅蘭州	18.8
	遼寧錦州	18.8
	新疆鄯善 1	6.3
	新疆鄯善 2	44.0
	河北曹妃甸	38.0
	河北天津	18.9
	合　計	170.0
第三期工程	未定	227.8

資料來源：Nomura, "China Oil & Gas", 2011 年 2 月 16

◀ 參考資料

1. British Petroleum, BP Statistical Review of World Energy 2012, June 2012.
2. British Petroleum, BP Statistical Review of World Energy 2011, June 2011
3. OPEC, Monthly Oil Market Report OPEC, January 2012.
4. David Fyfe and team, "Oil Market Report", IEA, March 14, 2012.
5. Goldman Sachs, "Energy Weekly," June 18, 2008.
6. Katherine Spector and team, "Oil Gas Basics," J P Morgan, May 2007.
7. Lucas Hermann, Elaine Dunphy and Jonathan Copus, "Oil Gas for Beginners," Deutsche Bank, September 9, 2010.
8. Michael Lo and Cheng Khoo, "Oil Gas / Chemicals," Nomura, March 25, 2010.
9. Sonia Song, Wei Wong and Krishan Binani, "China Oil Gas," Nomura, February 2012.
10. 鄧中堅,「中國大陸在拉丁美洲的石油取得:國家與企業的聯盟」,長庚人文學報,2010 年第 3 期第 1 卷。
11. Gordon Currie and Claire Reid, "Reserve Report," Salman Partners, February 2012.

2 糧食危機 看天吃飯也要看人吃飯

> 世界足以供養眾生，
> 卻無法滿足人類的貪慾。
>
> ——法蘭克布其曼

好了，講到吃飯，我想大家都了解；要吃好的，大家都比我了解的多。

「太好了，我知道有很多地方好吃的。」

太好了，可是，這裡想談的是糧食危機的問題。

「什麼！有什麼糧食危機？」

嗯，看來大家不認為糧食是個危機，那先說個大家都聽過的好了。

馬爾薩斯[1]的人口論。簡單來說只有二句話：「人口以等比速度增加，糧食只以等差倍數提高」，等比速度是第一年 2 倍、第二年 4 倍、第三年 8 倍、第四年 16 倍……；等差速度倍數則是第一年 2 倍、第二年 3 倍、第三年 4 倍、第四年 5 倍………。增加的速度不同，代表越來越多的人要爭取越來越少的食物，總有一天人口會多到糧食不夠吃。這個見解在當時具有聳動的效果，讓人在當下相當震撼：「是的，有一天我們可能會沒飯吃」。

---

1 馬爾薩斯（Thomas Robert Malthus, 1766-1834），英國人口學及政治學家，1798 年發表著名的人口論。

不過理論終究是理論，沒實現之前我們多半都是看看就好，也不會放在心上。尤其是到了我們這一代，山川壯麗，物產豐隆，只要有錢，想得到的都吃得到，還有很多想不到的也出現在眼前。講「糧食」，層次太低；講「食物」，太過普通；至少要「美食」，甚至是「精緻美食」，才符合現代人吃的「品味」。

馬爾薩斯二百多年前的預言至今沒有實現。今天世界人口已經接近 70 億，是當時的 8 倍，可是我們好像也沒有沒飯吃的感覺。第三世界的窮困國家令人同情，但這距離我們真的很遙遠，我們可以參加飢餓三十，可以每個月花幾百元認養一個窮困小孩，但是我們還是可以吃頓好的打牙祭。

從現在的觀點來看，人口論沒有想到的，是人類社會的進步和追求成長的動力。人口不只會增加，而且是增加到爆，但是人類對生存的渴望和求進步的態度，不會任由糧食產量按照傳統既定的步伐累積[2]。例如在糧食生產上，有二個重要的發展是人口論沒有預料到的：

1. **技術的革新與進步**。例如肥料農藥、農業機具的運用，提高了農地作物的單位產量，這使得同一塊農地的生產力比預估要高得多。又如水利工程，讓許多原本不毛之地也成為可耕地。

2. 農業社會型態較為封閉，農地有限但人口成長無窮；但是十九世紀之後，**「貿易」成為全世界主要的經濟型態之一**，李嘉圖的比較利益法則使得全世界開始進

---

2 事實上馬爾薩斯在其論著中亦有提到，當人口增加到一定程度，生存手段也會對應增加；然而他也認為人口將因此增加更多，除非有天災、戰爭或道德法律規範限制人口增加，糧食生產增長速度終究不能跟上人口增長。

行分工[3]。二百年後的今天，全球分工已發展到極致，透過貿易，可以進口自己根本無法生產的食物，同時將自身過剩的食物出口；透過貿易，我們可能只生產少量的食物，但可能養活更多的人口。

「人口論看起來不準嘛！我們現在的生活不是挺好的？」

好像也是。我們當前的生活，可能是人類有史以來最好的。可也奇怪的是，我們每天吃的包子饅頭，麵條米飯為什麼每年都在漲價？聯合國農糧組織（FAO）[4]居然說全世界有10億人處於飢餓及營養不良狀態[5]？更奇特的是，在二十一世紀，居然還有因為糧食引發暴動，甚至革命。例如2011年埃及舊政府被人民推翻，促成另一個「阿拉伯之春」，起因之一居然是：「麵包」！

埃及是全世界第二大的小麥進口國，年進口量600萬噸。政府為應付高達40%，每天收入在2美元以下的龐大窮困人民的食物所需，長期以來實行80%的麵包價格補貼，每個原本要賣5美分的麵包只賣1美分。2007年以來全球日益明顯的氣候異常，包括中國、東歐的乾旱，以及南美的反聖嬰現象，小麥產量減少，價格上漲，政府受限於預算支出不得不減少，甚至取消麵包的價格補貼，結果引起民眾的強烈反彈。一位拿不到政府補貼的麵包店老闆，甚至因此在國會前自焚

---

3 比較利益法則，由英國政經學家李嘉圖（David Ricardo, 1772-1823）提出。說明即使一個國家在所有製造業中比其他國家產出更高，它也能夠通過專注於其最擅長領域、與其他國家的進行貿易交往而獲取雙方的最大利益。此學說成為近代貿易理論的基石。

4 聯合國農糧組織（Farm and Agriculture Organization, United Nations，簡稱FAO）。

5 取自聯合國農糧組織 The State of Food and Agriculture, 2010-2011。2009年10.2億人是歷史最高，2010年9.25億人。

表達抗議。人民將對生活物資缺乏、高失業的不滿,一併算在總統穆巴拉克長期軍事強人統治的帳上,經過 18 天的示威抗議,穆巴拉克宣布下台,結束長達三十年的統治,稱為「廣場革命」[6]。影響所及,阿拉伯世界許多集權國家先後宣布不同的金錢和食物補貼,未免重蹈覆轍,危及政權[7]。

新的糧食危機

「說了這麼多,好像跟我們沒什麼關係啊!」

不要急,關係是一步步建立起來的,很快你會發現很有關係。

現代對於糧食危機的定義,早已不是糧食生產與消耗的單純問題,全球的糧食生產加上庫存,並不低於糧食消費。但為什麼老是在談糧食危機?依筆者的觀點,我們今天所談的糧食危機應該包括以下三類:

1. 糧食分配不均:高所得和貧窮族群之間的食物數量和品質相差太遠。
2. 糧食價格波動:近年來糧食價格的波動明顯加大,提高對糧食供應的危機感並影響政府的糧食政策。
3. 糧食供需不穩:土地、勞動、人口、所得的變化,讓供需之間並不平穩,近年來討論最多的氣候變遷更是影響產量的決定性因素。

---

6 本段文字取材自〈埃及革命,中國「製造」?〉,陳泳翰,《商業週刊》第 1213 期的內容加以改寫。

7 例如約旦、阿爾及利亞、科威特、沙烏地阿拉伯等國家,分別宣布公務人員加薪、現金補貼、增加公務人員數額、提供住房及無息貸款等措施,安撫浮動的民心。不過也不是採行這些方案之後都有效,例如利比亞的格達費,宣布公務人員加薪150%、每個家庭補助現金400美元,還是被人民推翻政權。

　　說到這兒，我再講一個小故事。

　　在過去的工作中，有時會到各地作投資考查。這種行程包括券商及分析師的聯繫（這是相當重要的一環）、拜訪當地公司（實際感受一下公司經營及產業變化），或是和當地證券基金同業甚至官方交流（了解當地業者想法及政策走向）。當中免不了有一些請客吃飯的場合。有一次在北京，當地的業者熱情地選了一家相當著名且昂貴的餐廳請我們吃飯，席間大家天南地北，無所不聊，氣氛非常熱絡。菜色呢？也好。我們事先請服務員交代師傅少放油，少放鹽，也合我們的口味。

　　過了不久，我發現桌上的菜量實在太多，每道菜幾乎都是用大一號的深盤，我們總共也才八個人，不可能吃的完。

　　「請問還有幾道菜？我們吃不完吧！」我禮貌上問了一句。

　　「不多，不多，就上完了。」主人笑笑，可是我直覺認為還沒完。

　　果不其然，在那之後還上了四道菜，外加一鍋全雞湯，還有甜點和水果，也是一大盤！啤酒開了三瓶還沒喝完。同行的朋友面面相覷，女性友人早就放下筷子。這……這那吃得完啊？

　　我們心裡明白，這是主人熱情歡迎的表現方式，或許也帶有些秀的意味，但的確在席間製造了不少話題。每一道菜上來時總會「哇──！」的一聲，然後開始品頭論足，說說典故，互相比較討論一番，不致於冷場。不過，我想那些吃不

完的好肉好菜最後應該是倒掉,至少主人這麼說的,它們大部分的功用居然只是讓所有人「哇──!」了一聲而已。

飯後回旅館的路上,我看到著名的長安大街上面有人在路邊乞討,有人在堆滿貨物的人力車後面吃力地推著,有人在路邊撿丟掉的菸屁股抽,和繁華的長安大街,進出高檔飯店的人們形成強烈的對比。我寧願相信那些乞討的人不是真窮,撿菸屁股抽的人其實是沒事找事,因為這幅畫面如此得不協調,又如此真實。

糧食分配不均

前面的親身經歷說明了過度的糧食供應造就了浪費的行為,但深一層思考,全球的糧食總量維持著起碼的供需平衡,並不會有過度供應的問題。因此,糧食之所以會造成浪費,**分配不均才是最重要的問題!**沒有一個國家的人民在缺糧的時候還會浪費糧食,但如果過多的糧食集中在少數人身上,這些人對食物缺乏的感覺就很難強烈。如果沒有適當地將過多的糧食送到缺糧的地方,這種「朱門酒肉臭,路有凍死骨」的現象就會持續。

印度的小麥庫存達到 1800 萬噸,較 2006 年成長 9 倍;稻米庫存 2450 萬噸,是 2006 年的 2.5 倍,但是印度仍有 2 億人處於經常性的飢餓狀態,更諷刺的是印度與泰國、越南為全球前三大稻米出口國,年出口稻米超過 2000 萬噸[8];美國和西歐國家人口不及全球的 10%,卻消費了全球 35% 的肉

---

8 以上資料均來自美國農業部(United States Department of Agriculture, USDA)的統計資料,2012 年 5 月的估計數字。

類、23%的小麥，以及40%的玉米[9]。根據聯合國開發計劃書，全球最富有的20%的富人，消費了一半的肉類和魚產，最貧窮的20%人口只消費了3%。

「如果產糧國本身還有飢民，為什麼不把糧食先留在國內用？」

這真是一個好問題。根據 FAO 統計，全球生產主食（指稻米、小麥、玉米）的國家中，60% 是來自開發中國家，也就是第三世界國家。以區域來分首推亞洲（主要是南亞及東南亞），其次是歐洲（東歐）和拉丁美洲，第三世界國家往往是糧食的生產及出口大國。但是飢餓和營養不良的人口中，竟然 95% 也來自於這些地區（見圖 2-1）。

這些糧食大國，如亞洲的印度、泰國、越南、巴基斯坦；東歐的俄羅斯、烏克蘭；拉丁美洲的墨西哥、巴西、阿根廷。本身國內吃不飽的人口不在少數，為什麼不先餵飽自己人，多餘的再出口賺外匯？

或者，占有 30% 糧食生產、50% 以上糧食出口的已開發國家，像美國、加拿大、西歐、澳洲，為什麼不把部分糧食分配給缺糧的地方？

根本原因，是因為糧食是要用錢買的。而這些吃不飽的人沒有錢。

稻米、小麥、玉米，以及各式各樣的糧食，收成之後除了農夫自己吃之外，其他是要拿出去賣的，也就是前面提到的貿易。賣給誰？答案是：誰有錢賣給誰。本國人有錢賣給

　　9 數據來自美國農業部（USDA）統計。

圖 2-1　全球面臨飢餓人口（按區域別）

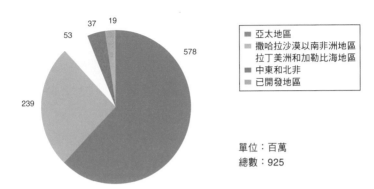

資料來源：　"The State of Food and Agriculture, 2010-2011"，聯合國農糧組織

本國人，外國人有錢賣給外國人。沒有錢的窮人呢？基本上能力有限，也就容易面臨糧食問題。就算是國家提供食物救濟，屬於社會福利的一種，也是政府的預算、老百姓的稅收買的。況且這種社會福利在已開發國家行之有年，在第三世界國家並不成熟，在飢餓問題嚴重的國家更不可能看到。

　　另外，在第三世界國家常看到的軍事政權、集權統治，以食物供給控制人民，加上政府的貪汙浪費、中飽私囊，都是造成糧食分配不均的間接性原因。

　　造成糧食分配不均的原因，根本來說，是世界性貧富差距問題。

　　台灣有沒有貧富差距的問題？我們會一直有錢去買糧食嗎？

　　繼續看下去吧！

糧食價格波動

「價格波動，就是食物價格越來越貴了。」

嗯，應該說對了一半。

「不會吧，我花在三餐的開銷越來越多了，你看小時候一個排骨便當 40 塊，一個菠蘿麵包 5 塊，現在都漲好幾倍了。」

這倒是事實。不過，如果我說，糧食的價格在過去其實多數時間都是跌的，大家信不信？請看圖 2-2。

圖 2-2　全球糧食價格走勢（1961-2010）

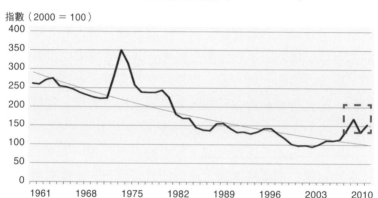

指數（2000 = 100）

註：根據 FAO 的資料，價格計算是以 2000 年的糧食價格作基準（2000 年 =100），計算包括穀物、油籽、肉類、奶類及糖的價格編制的指數。這個指數是追蹤這些糧食的國際價格，經過物價平減後的實質價格指數（real term），可以反應真實的糧食價格。

資料來源："The State of Food and Agriculture, 2010-2011"，FAO；作者整理

根據聯合國農糧組織長時間對主要糧食作物價格的觀察，過去半個世紀以來，除了 1970 年代的石油危機造成的全球性的物價上升之外，糧食價格居然是趨勢向下的！這跟我們的「社會觀感」實在很不一樣。筆者認為其中的原因有二：

1. 農糧組織所追蹤的，是單純的「糧食」價格，可是我們一般人所花費的，並不只是單純的「糧食」，還包括了運輸成本、加工成本、人力成本、技術成本等其他附加開銷。油電瓦斯價格上揚增加了運輸支出、處理包裝支出、烹調支出；人員薪資成長也不會由老闆吸收，會「適時」地反應在價格上；技術成本，你只要去看看老店、名店門口大排長龍的狀況，超商的麵包一個 25 元，吳寶春師傅的麵包要價百元以上就明白了。

   我們付出去的價格，其實包含著許多並不是食物本身的附加價值。

2. **圖 2-2** 右側紅色虛線區塊，顯示糧食價格自 2005 年以來出現明顯上升的趨勢，這也是近年來大家感受到糧食價格上揚的原因。但其實價格只回到 1990 年附近的水準，並沒有回到早期的更高水準。然而為什麼人們的感受卻那麼強烈呢？筆者認為與近年來**價格波動出現明顯較大**有關。請看**圖 2-3**。

圖 2-3　全球小麥／玉米／稻米價波動變化

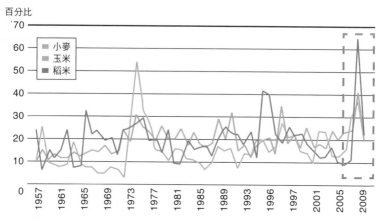

資料來源：　"The State of Food and Agriculture, 2010-2011", FAO

2006 年以來，主要糧食價格出現了過去少見的大幅波動。過去半世紀的資料顯示，單一作物價格波動很少超過 30%，但是 2006 年之後卻出現所有作物價格陸續出現 40%，甚至 60% 的巨幅震盪，而且是全面價格上漲的狀況。其原因包括氣候因素，如洪水、乾旱導致收成減少；石油價格上揚，導致耕作所需的機具用油、化肥、農藥等成本增加；各國政府的糧食因應政策，如出口課稅、限制出口量甚至禁運，都會引發另一波搶糧大戰；再者，不可忽略金融市場熱錢湧入的效應，也是價格波動的重要推手。

一般投資商品的價格波動，最多是有人賺錢有人賠錢，但糧食價格攸關國計民生、社會安定、通貨膨脹，所有政府都不

敢等閒視之。今日在全球貿易的現況，以及飲食習慣的改變，許多國家依賴進口支應國內的糧食需要，「糧食自給率」[10] 偏低。一旦糧價受到各種因素有個「風吹草動」，經濟社會就會受到很大的影響。

1996 年世界糧食高峰會議的羅馬宣言中宣示：「……糧食不能被用於實施政治和經濟壓力……重申國際合作和團結的重要性，以及在國際法和聯合國憲章的範圍內保持克制的必要性以避免危及糧食安全。」事實上，糧食成為一種國際政治間合縱連橫的武器已是潛在的現實，隨著糧價的劇烈波動，這種現象恐怕不會消除。

台灣的糧食自給率只有 32% [11]，換句話說，有 68% 的食物靠進口。諷刺的是，台灣並不缺耕地，因為飲食習慣的改變，全台灣的休耕地已達到 21 萬公頃 [12]。我們所有的飼料都已依賴進口，小麥、玉米、乳製品也高度依賴進口，部分的稻米、水果、肉類，甚至連蔗糖也要進口。

我們經得起未來更劇烈的糧價波動嗎？糧食危機跟我們還是沒什麼關係嗎？

糧食供需不穩

「好吧，我知道將來會花更多的預算在吃的上面，生活

---

10 糧食自給率（Food self-sufficient ratio），是指國內消費之糧食中，由國內生產供應之比率。這個比率越低，表示越依賴進口，受到糧價波動影響也越大。美國、加拿大、法國等糧食生產國大多自給率高於 100%，亞洲國家如日本、南韓、印度則在 50% 以下，台灣 2011 年的自給率為 32%，實屬偏低，主要是國人飲食習慣的改變。

11 數據來自「國政研究報告：台灣農業面臨的挑戰與對策」，國家政策研究基金會，2012 年 2 月。

12 全國糧食安全會議，2011 年 5 月。

壓力會更大，但還算勉強過得去，吃飽飯總不是太大的問題吧！」

那可不一定。

各位可以想一想，糧食危機之所以在近年來受到關注，一定與許多人開始面臨糧食問題有關。糧食問題並不僅僅是沒飯吃的時候才發生的問題，任何對未來食物的供需平衡有威脅的可能，讓我們在心理上、身體上承受高度不確定性，都可以視為糧食危機。不幸的是，過去十年來這些危機發生的機率大幅增加。

圖 2-4　出現糧食危機的國家數及成因

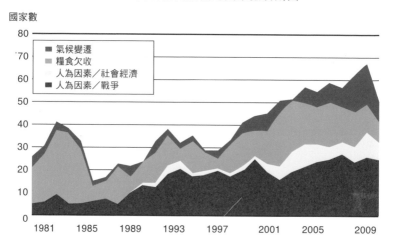

資料來源："The State of Food and Agriculture, 2010-2011"，FAO

　　從圖2-4明顯看得出來，2000年之後全球面臨糧食危機的國家，從過去的四十個以下快速增加到超過六十個！其成因包括傳統的戰爭、社會經濟問題的人為因素之外，糧食欠收及氣候變遷的自然因素，其中氣候因素的比重大幅提高，尤其是2008年以後更為明顯。

圖 2-5　全球糧食生產－消費－貿易成長

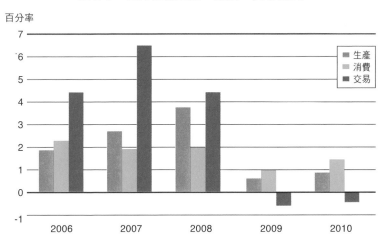

百分率

資料來源：　"The State of Food and Agriculture, 2010-2011"，FAO

　　氣候因素造成糧食產量下降，我們從圖2-5可以看出2009至2010年出現近年少見的糧食生產低於消費的現象，以致各國政府因應糧食危機，以保護國內需求為優先，貿易竟連續二年出現負成長。

全球糧食貿易呈現負成長，對於糧食進口國（如台灣）而言，壓力其實是持續增加的。進入二十一世紀，天災發生的頻率較過去增加，幅度較過去更大。南亞、日本的海嘯、紐奧良的颶風、中國北方的乾旱、澳洲的洪水、海地的地震、冰島的火山爆發、泰國的水患……。除此之外，戰爭、對立、侵略、鎮壓……，人禍的發生也並沒有減少。這些都直接間接影響糧食供需的平衡。

「既然這樣，為什麼不增加耕地，讓多一點地方生產糧食？」

我們的確運用農業改良技術創造了許多新的可耕地，但不幸的是，耕地增加的速度卻趕不上城市化的速度。根據聯合國的統計，過去二十年全球城市化比重提高了 10%，其中第三世界的增加幅度最快，而這些地區大多是原本主要的糧食生產地區（見**表 2-1**）。

表 2-1 全球城市化比重變化

單位 %	1980	1990	2010
全球	39.1	44.7	49.4
北澳州	73.9	77.3	82.1
歐洲	66.8	71.0	72.6
亞洲（不含日本）	35.1	42.6	49.3
日本	59.6	64.6	66.8
拉丁美洲	64.9	73.0	79.3
非洲	27.9	34.2	41.1

資料來源：聯合國統計資料 2010-2011

　　城市化的提高代表農地比率的降低，在新興國家日益富裕的情況下，城市的建設速度只會加快，糧食問題在經濟發展的大前提下大多無法受到重視。

　　「難道沒有什麼方法解決嗎？」

　　有！有二個方法。一個過去我們用了很久，未來不知道還能用多久；另一個很有效果，但大家用起來不安心。

　　現代農業之所以能夠提高耕地的生產效率，農機具的使用、水利工程的開展固然是關鍵，然而直接提高收成率，是**肥料的使用**。過去半個世紀以來，每平方公里的肥料使用量以倍數計（見**圖** 2-6）。

圖 2-6　單位農地肥料使用量

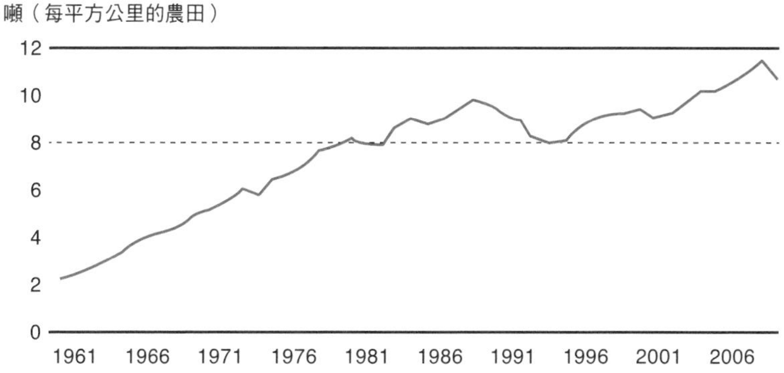

噸（每平方公里的農田）

資料來源："Time to Wake up"，GMO Quarterly Report，2011 年 4 月

　　姑且先不討論化肥農藥的使用對食物安全的影響，單就使用量而言，用直覺就可以判斷出是過度使用了。這樣的結

果使得農地生產力不斷被消耗，肥料使用量越高，單位面積生產量的成長率反而每況愈下（見圖2-7）：

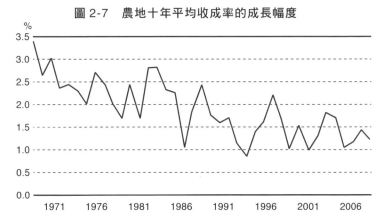

圖 2-7　農地十年平均收成率的成長幅度

資料來源：　"Time to Wake up"，GMO Quarterly Report, 2011 年 4 月

　　進入二十一世紀，人類對化肥的需求只增不減，新興國家富裕起來，對糧食的需求大幅提高，而肥料的使用是成本最低、效果最快的方法。只是，這樣飲鴆止渴的方法還能持續多久不無疑問。

　　另一種方法以美國為首，大規模展開**基因改造**，種植改變作物特性，更為抗寒、抗旱、抗病蟲害，甚至改變生長期的經濟作物，以期提高產量，增加利潤。此外也可以依照耕種地區土壤、氣候、環境、人文等條件作調整，在貧瘠的地

區也可以種植作物，改善部分缺糧國家的糧食問題，讓面臨貧窮人民得以溫飽。

現行具有基因改造的作物主要有大豆（62%）、稻米（22%）、棉花（11%）和油菜（5%）[13]。不過，基因改造作物是否完全沒有危害，始終沒有確切的證據，除了食用上對人體的副作用，如毒性、過敏原等可能需要長期觀察才有結論之外，對環境生態和食物鏈的破壞也有高度爭議。目前包括歐洲、日本、多數亞洲國家對基因改造作物仍持反對態度，就連美國本身也有不同的聲音[14]。基因改造作物目前看來並不會是解決糧食問題的好方法。

氣候因素

最後，要談談氣候對糧食生產的影響。

「是全球暖化問題吧，這幾年已經討論很多了。」

問題是，氣候到底對糧食的影響有多大？

2006 年以來，糧食受到氣候因素的影響越來越大，2006 至 2007 年東歐的乾旱導致小麥欠收；2007 年印度遭逢半世紀以來最嚴重的乾旱，稻米產量大減，越南、埃及也受到波及，埃及一度禁止稻米出口；2010 年東歐再度遭受乾旱，俄羅斯、烏克蘭實施小麥禁運，小麥價格短短一個月從 5.5 美元飆漲到 7.6 美元[15]；2011 年泰國發生半世紀以來最大的

---

13 2011 年綠色和平組織統計資料。

14 美國在 2004 年即批准了小麥的基因改造商業化種植，但因美國是全球最重要的小麥出口國，亞洲多數國家均自美國進口小麥，而這些國家反對基因改造作物，種子大廠孟山都公司因此主動撤銷了基因小麥商業化種植的申請。另外在加州，2009 年有三個縣對基因改造作物進行了公投，決議禁止在縣內種植基因改造作物。

15 芝加哥期貨交易所當時的小麥期貨報價，單位為英斗（bushel）。

水患，也影響到稻米出口，米價也因而上揚；2012年夏天，美國發生半世紀以來最嚴重的乾旱，五十個州當中有三十三個州被定為受災區，玉米、小麥、黃豆等主要出口作物收成大幅減少一成以上。

氣候變遷是個大課題，成因不一而足，但對糧食生產的影響是直接的。本書礙於篇幅，並不會大範圍討論氣候變遷的成因及影響，只簡單討論一個糧食產區的氣候議題，它與全球氣候異常有關，往往被人忽略，但影響卻相當顯著。

南半球的巴西、智利、阿根廷、澳洲被視為另一個全球的穀倉，近年來糧食的產量也受到氣候因素而不穩定。除了全球性的氣候變化之外，南半球另有一個不穩定的氣候週期因素，那就是聖嬰（El Niño）及反聖嬰（La Niña）現象。

聖嬰及反聖嬰現象現在已被視為全球性的氣候變化，但在南半球的特性依然比較明顯。簡單說，聖嬰現象是氣候的反常現象，出現時會形成涼夏和暖冬，雨量集中在南半球夏季（北半球年底），冬季則較為乾燥；反聖嬰現象則是正常氣候的加強版，夏季變得酷熱、冬季變得酷寒；乾燥的地區更為乾燥，多雨的地區則會出現暴雨及洪水。聖嬰和反聖嬰往往伴隨而生，也就是聖嬰現象過後，反聖嬰現象隨之而來[16]。

2008年及2011年冬天，北半球均出現相當明顯的反聖嬰現象，各地暴風雪事件頻傳。相較於北半球的嚴冬，南半球夏季顯得特別酷熱，氣候乾燥，雨量減少。**圖2-8**顯示南美洲該時期雨量圖，正常時期當地作物產區（藍色虛線區域）

---

16 這裡只簡單說明聖嬰及反聖嬰現象，事實上地理區域不同，聖嬰及反聖嬰現象也有程度上的差異。如與南美洲相對的澳洲，在反聖嬰現象時，來自東方溫暖的洋流過於強烈，反而帶來大量雨水，形成洪害。2011年一度造成小麥及鐵礦砂出口港無法運作，原物料運輸受到阻礙，價格因而上漲。

至少有 150 公釐的雨量，但在反聖嬰現象時期，雨量較正常
水準減少 20%。

圖 2-8　南美洲雨量圖

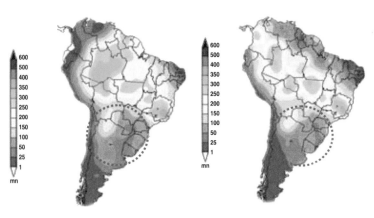

<table>
<tr><td>2008 年 12 月</td><td>2011 年 12 月</td></tr>
</table>

資料來源："Time to Wake up", GMO Quarterly Report, 2011 年 4 月

缺乏雨量的夏季使得產量受到影響，當地主要作物玉米
和黃豆收成均顯著較前一年減少（見圖 2-9）。

圖 2-9　南美玉米黃豆產區平均收成 （公噸／英畝）

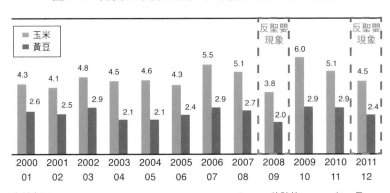

資料來源：Bolsa de Buenos Aires, CONAB, Credit Suisse 估計值，2012 年 1 月

這個產區是全球主要黃豆和玉米的產區之一，玉米占全球 9% 產量，黃豆更占了 46%！太平洋另一端的澳洲則是小麥的主要產地，主要用於出口，占全球小麥出口量的 11%。收成的減少代表的就是當年度這些地區的出口數量降低，最直接的影響就是價格，2012 年夏天，南美洲的反聖嬰現象，伴隨著美國大旱，小麥、玉米和黃豆已出現明顯的上漲[17]。

聖嬰及反聖嬰現象已被全球氣象學家觀察半世紀之久，至今仍無法歸納出真正的原因及發生頻率。現今有更大的全球暖化議題，各國對於節能減碳的步調仍是一盤散沙，機關算盡，但對於糧食產出已造成影響。人類在面對耕地減少、需求增加、戰亂頻仍、氣候異常的環境下，仍然無法齊心面對糧食問題。**糧食危機，其實是人類自己造成的危機，而且恐怕還會持續下去。**

現在你總該相信，糧食危機跟我們有關係了吧。

---

17 2012 年 5 月至 8 月，短短三個月內，玉米價格大漲了 70%（5/12：499 美分～ 8/10：849 美分），小麥上揚了 51%（6/4：1244 美分～ 8/23：1744 美分），黃豆上揚了 40%（5/14：629 美分～ 7/23：953 美分）。

◀ 參考資料

1. FAO, "The State of Food and Agriculture, 2010-2011," 2011.
2. Jeremy Grantham , "GMO Quarterly Letter: Time to Wake up," , April 2011.
3. Luiz Otavio Campos and team, "Latam Agribusiness~ La Niña Implications for Latam Producers and Global S/D Balance," Credit Suisse Equity Research, January 11, 2012.
4. laine Yip and team "US Farmer~ Unfavorable South American weather keeping corn and soybean markets tight," Credit Suisse Equity Research, February 9, 2012.
5. FAO, "The State of Food and Agriculture," 2011.
6. 李舟生,「美國稻米產銷支持政策」:兼述農業保護與自由化之爭議」,農委會「農政與農情」,2010 年第 222 期。
7. 曾志超,「國政研究報告:台灣農業面臨的挑戰與對策」,國家政策研究基金會,2012 年 2 月。

3 貨幣危機 窮得只剩下錢

古之君子如抱美玉而深藏不市，
後之人則以石為玉而又炫之也。

──朱熹

起立，敬禮。

「什麼？要上課？」

是的，這裡要上一點經濟學和歷史。

「天哪！不會吧，在學校就不怎麼上課了，畢業後早就丟光了。而且，我也沒學過經濟學。」

嗯，這堂課關係到你多有錢。

「可是，經濟學太難了，都是數學。」

不會的，這裡只會用到乘法和等號。

「我也不喜歡歷史。」

這裡只有一個小故事，會告訴你為什麼那麼有錢。

我們身處在一個貨幣時代，享受了貨幣給我們的太多好處。貨幣，也就是錢，功能可真不小，提供了大家幾乎認為與生俱來，像呼吸空氣一般的功能：

1. 交易媒介：人類不用以物易物，搬一袋米去換一籃雞蛋。

2. 價值儲藏：人們不必挖地窖埋金條，也能知道自己有多少財富。

3. 衡量標準：一斤 80 元的豬肉，比一斤 40 元的雞蛋貴 1 倍；郭台銘董事長的財富，是我的……嗯……N 的 N 次方倍。

4. 延遲支付：向銀行買一棟房子，將來可不用還房子；刷信用卡買一台冷氣吹，將來不用還冷氣；每天上班朝九晚五，無論是努力工作加開會，還是喝茶看報加上網，月底老闆可不會把你開的會、看過的報紙還給你。不管是先享受還是先付出，後面都是用貨幣計算代價。

一切都是貨幣

貨幣這麼好用，我們幾乎已經無法想像沒有貨幣的生活。每個人努力工作都會產生價值，擁有資產也同時擁有其價值，累積財富更是價值的提升。在貨幣時代，價值的高低都以貨幣表示：我們用貨幣衡量自己有多少財富，創造價值來換取貨幣，也用貨幣換取想擁有的資產。國家用貨幣來計算一年當中生產多少產品、提供多少服務、企業有多少的投資、全國人民有多少的血拼成果，整個國家的價值都用貨幣來表示

了。台灣這幾年引以為傲的數據之一，不就是每人平均所得超過 2 萬美元嗎？

在經濟學家的眼中，貨幣是個看似虛幻，實際上很有影響力的東西。各門各派對貨幣角色的不同解釋，出現了各種貨幣的理論。事實上，二十世紀的貨幣理論是經過了百家爭鳴、翻天覆地的變化，各種理論的演進與當時的經濟環境及金融問題均有密切的關係。不過，這些南轅北轍的理論，都美國著名的經濟學家費雪（Irving Fisher）[1] 提出的交易方程式[2]：

$$MV=PY$$

「天哪，這是什麼？」

不要急，這是這本書中唯一會出現的數學式，只有四個字母和一個等號。

第一個字母 M，是指整個社會的貨幣數量。比如說整個社會只有一張千元大鈔，M 就是 1000。

第二個字母 V，是指貨幣流通次數。比如說 A 先生拿了剛才的千元大鈔去向 B 先生買衣服，B 先生又拿這 1000 元去餐廳吃飯付給 C 小姐，C 小姐再拿這同樣的 1000 元去坐高鐵。這 1000 元的流通次數就是三次。

---

1 歐文・費雪（Irving Fisher, 1867-1947），美國數理經濟學家。他是第一個把經濟學以數理方式解釋的學者，在貨幣理論、貿易理論、通貨膨脹的解釋上均有深遠的影響，他的「交易方程式」是近代貨幣理論的起源。

2 近代貨幣理論的發展，從古典學派（費雪的交易型貨幣數量學說、劍橋學派的現金餘額貨幣數量學說），凱因斯主張的流動性偏好說，巴莫－杜賓平方根法則，到傅利曼（Milton Friedman）的新貨幣數量學說。從不同的角度探討人們擁有貨幣的動機與利率、所得、通貨膨脹之間的關係，往往與當時的經濟金融環境密切結合。總括而言，大致都在討論交易方程式中四個變數的解釋與彼此之間的關係。

　　第三個字母 P，是指物價，就是現在的價格水準。比如今年的價格是 1000，P 就等於 1000；明年價格漲為 1200，P 就成為 1200[3]。

　　最後一個字母 Y，是指整個社會所生產的所有產品的數量。這裡所說的產品包括有形和無形的，比如前面例子中的一件衣服、一頓飯、一趟高鐵，整個社會就多了三項產品。

　　好了，把四個字母放在一起，交易方程式告訴我們，這個社會有一張千元大鈔流通了三次，它必定會等於同時間生產出來的三項產品，用當時的價格交易後的總值。公式表示就是：

　　1000（一張千元大鈔）×3（用了三次）=
　　1000（衣服、飯、高鐵的價格）×3（三項產品）

　　「這好像說了等於沒說嘛。」

　　本來嘛，告訴你沒有很難，現在相信了吧。

　　「這就是要上的經濟學嗎？」

　　是的，就這麼多。如果要把這些代號加上名詞，我可以告訴你：M 叫做「**貨幣供給**」、V 叫做「**流通速度**」、P 叫做「**物價水準**」、Y 叫做「**實質產出**」。用正式的說法，這個公式的意思是：

　　「**某一段時間內，用貨幣表示的產品總價值，等於交易過程中的貨幣流通總價值。**」

　　其中，「用貨幣表示的產品總價值」，也就是 P 乘以 Y，有一個比較時髦的名稱，叫做「國內生產毛額」，簡稱 GDP[4]。

貨幣存在的基礎

「經濟學上完了？」

上完了。

「還好嘛！」

那好，接下來的歷史課更容易懂。

貨幣能夠成為人類經濟活動中所依賴的工具，有其悠久的歷史。早期貨幣無論是最早的以物易物，進展到貝殼、金屬，或是後來的黃金、白銀，都屬於所謂的「商品貨幣」，也就是說**貨幣本身即代表了資產本身，貨幣價值等同於資產價值**。只是，商品貨幣雖然具有百分之百的資產代表性，但交易、儲藏、計算等功能實在太差，成本太高。因此，以這些資產為基礎的替代物產生了，也就是所謂的「信用貨幣」，其中紙鈔的出現是最大的革命。

請注意，信用貨幣的使用，是基於擁有原先使用的資產作「準備」，也就是拿著信用貨幣可以隨時換到原先使用的資產。否則，一張薄薄的紙上面寫個數字，如何讓使用者相信它代表一定的價值？「準備」的概念是貨幣存在的根基，「準備」的存在是使用貨幣的信心來源。

「那什麼東西可以拿來當準備？」

答案是：想拿什麼就拿什麼。

前提是，要讓所有人同意。

拿來當作貨幣準備的東西可以千奇百怪，貝殼、茶葉、

皮革、稻米、礦物……，只要大家認為有價值的都可以用來作貨幣發行的準備。不過問題來了，甲認為茶葉可以，乙卻認為稻米才行，這時候丙又說：茶葉壞了怎麼辦？貝殼比較好。到最後，政府出面，決定一種質量亙古不變、產量豐富、大家都可接受的資產，作為貨幣發行的準備。這個準備在過去三百年的歐美國家是黃金，在亞洲包括中國、印度和日本是白銀。

中國使用紙幣是全世界最早的，在北宋時期四川地區出現的「交子」即公認為最早正式發行的紙幣[5]，比歐洲早六百年，不過當時只是區域性的流通。真正讓紙幣全面流通是在元朝，元朝發行「通行寶鈔」並訂為法定紙幣流通全國，以金銀作為發行準備，是名副其實的「信用貨幣」，人們拿著紙幣交易，是基於可以隨時換成白花花金條銀塊的「信心」。可惜的是，元朝的信用不大好，也很貪心，看到紙幣流通的好處，就開始大印鈔票執行「量化寬鬆」[6]，作起無本生意來了。鈔票印得多，相對來說金銀準備就降低了。

這個藥方起初是有效的，人們尚未查覺鈔票氾濫之前，經濟活動還是挺熱絡的；不過到了元末大旱時期，生產大幅減少，飢民大增，盜賊流竄，全國什麼都缺，就是不缺鈔票。可是鈔票不能吃，也不能穿，也換不到足夠的金銀，於是人

---

5 交子最初類似現在的存款單，當時商業活動發達，商人交易後不便攜帶巨額金錢，因此出現「交子舖戶」收受存款，並開立證明，此證明即為交子。後來交子逐漸成為商人支付貨款的工具，這時交子已形同支票使用。北宋仁宗天聖年間正式設立交子務，以36萬貫錢作準備金，發行「官交子」126萬貫，形同準備金28%，此時交子已形同紙幣。宋朝後來陸續發行紙幣，如錢引、會子，起初流通性都不差，不過後來因為官方發行越來越無節制，紙幣的價值越來越低，至南宋嘉定年間，基本上已沒有在市面上流通，距離第一次官交子發行不過一百多年。

6 有關量化寬鬆說明，請見本書第一章註釋8。

們對貨幣的信心崩潰，物價飛漲，財富縮水，甚至回到以物易物交易。元朝的滅亡，金融體系的崩壞是絕對的因素之一[7]。

　　紙幣的出現本來就是人類歷史上的實驗，而當時的中國就是個大型實驗場，元朝的興亡作了第一次的案例。這個實驗告訴我們，**當大環境發生重大變化，影響到國計民生時，同時考驗著使用者對貨幣的信任**。貨幣制度在中國萌芽，但是後來的中國歷史並沒有繼續嘗試的勇氣，明代中葉之後，基本上紙幣已經名存實亡，白銀和銅錢依然是主要流通的貨幣。如同造紙術、印刷術、渾天儀、火藥，中國不斷出現「世界第一」，卻無法延續其生命，讓這些「第一」被西方國家繼承並發揚光大。

近代貨幣準備

　　西方國家自古以來對黃金即有一種莫名的偏好，古籍記載早在古埃及及羅馬時期，黃金就成為工藝材料，西元前七百年希臘愛琴海地區即存在金幣；因為貿易及交易需求，黃金也成為羅馬、土耳其帝國擴張領土的原因之一；十五世紀由葡萄牙、西班牙展開的地理大發現，最主要的誘因即是資源的取得，這裡的資源除了是歐洲人視為珍寶的胡椒等香料之外，另外就是黃金。哥倫布發現美洲後，葡萄牙、西班牙在巴西、秘魯等地發現大量黃金，作為支付進口南亞香料、

---

7 元末的敗亡原因很多，包括長期蒙古人的階級統治、政局腐敗、賣官鬻爵、開黃河水道強徵民夫、旱災造成大量飢民等。但大量印製鈔票卻沒有準備金，導致金融體系崩潰也是原因之一。元末各地起義的起義軍，如韓林兒、張士誠、朱元璋、徐壽輝等，都在當地發行不同的貨幣，有些質地甚至比元朝官錢還精良。

布匹、中國絲綢、瓷器的工具[8]，也使得西葡二國成為當時歐洲最富庶的國家。

地理大發現開拓了全球的視野，工業革命則開啟了進一步的資源探勘。十九世紀開始，全世界的淘金熱北從俄羅斯、南達西非及南非、西進美洲大陸、東到印度及太平洋南端的澳洲。英國在此扮演了極重要的角色，在殖民地區（南非、印度、澳洲等地）大肆開採黃金運回國內，進而逐漸取代銀的貨幣地位[9]。1821年，英國正式採取金本位制度[10]，到了1876年，全世界的多數國家，除了中國和印度仍採銀本位外，均已改採金本位制，開啟長達一個世紀的「黃金年代」。

「好長的歷史。可是這跟現在有什麼關係？」

關係可大了！一個半世紀後的現在我們還在討論黃金。

英國以其工業革命的始祖國和殖民地獲取大量黃金，成為當時的世界強權，以黃金作為貨幣發行準備自然不會有反對意見。當時歐美共有四十七個國家採行金本位制。不過，**任何國際間制度的遵行，都基於強權的維持。**以英國為核心、歐洲為主體的金本位制，在英國仍然是「日不落國」之時仍為大家奉行，但二十世紀初的第一次世界大戰（1914-1918）後，主戰場歐洲經濟大幅衰落，各國為了戰爭支出和戰後重建，幾乎把手中儲備的黃金消耗殆盡。在金本位的制度下，

8 除了黃金，當時在南美也有發現大量白銀，用作和東方國家交易用途。只是對當時歐洲人來說，黃金的意義遠大於白銀。

9 其實多數西方國家並不產銀，使用銀錢的一個原因是和中國、印度的貿易所需。工業革命後歐洲本身的貿易逐漸興盛，不再單單依賴與亞洲的貿易，黃金的大量生產使得對銀的需求大為降低。

10 金本位制度，國家法定貨幣的發行背後，是以黃金作為準備，黃金成為發行貨幣的最終信心來源，國際間的結算也是用黃金作為計算基礎。理論上，一個國家的黃金準備越多，越能發行較多的貨幣，任何人也可以持有手中的貨幣換取等值的黃金，貨幣只是代表黃金的交易工具。

黃金儲備降低意味著貨幣發行量也必須減少，因此戰後出現了十年通貨緊縮的現象，而這個現象在 1929 年美國大崩盤引發的全球經濟大蕭條後更為明顯。

「等等，什麼叫通貨緊縮？」

我們現今習慣的是通貨膨脹的環境，也就是物價越來越高的世界。今天一塊錢能夠買到一樣東西的數量，一年後可能買不到那麼多，因為物價上漲了。但是跟它相反的觀念是通貨緊縮，也是就物價越來越便宜的世界。今天一塊錢能夠買到的東西，一年後可能買得更多。

「那不是挺好的？東西越來越便宜，我們就越來越有錢了。」

呵呵，如果東西對你一個人便宜時當然很好，但如果是對所有人都便宜就不怎麼好了。試想，如果你知道今天一塊錢能買到的東西，明天變成八毛，後天變成五毛，除非是十萬火急非買不可的東西，請問你會今天買？還是明天買？或是後天買？

「……」相信你還不確定答案。好吧，我來說。

答案很可能是永遠都不會買，因為我們會認為價錢還會再降，今天買成了划不來的行為。如果整個社會都這麼想，經濟活動、消費行為就會停滯。也不需要生產，因為沒有消費；也不需要找員工，因為不會有工作。

這裡可以暫停一下，複習前面的經濟學，還記得 $MV=PY$ 嗎？我們實際拿來應用一下吧！

由於短時間內大家的生活方式不會一夕改變，生產（Y）和貨幣使用頻率（V）不會有太大的變化[11]，因此當全國的貨幣數量（M）減少時，物價（P）便成為唯一會被影響的因素，在左右二邊必相等的前提下，物價（P）勢必開始下滑，通貨緊縮開始。

長久在通貨緊縮的環境中，大家不願消費，也就不會有人願意生產（Y下降），用錢的頻率也變少了（V下降），公式的四個數字同時下降，經濟就會出現全面性的萎縮[12]。

所以，經濟學家對通貨緊縮的恐懼，遠比通貨膨脹來得大。

由盛而衰

全球金本位體系在一次世界大戰、經濟大蕭條的摧殘之下已經岌岌可危，二次大戰爆發（1939-1945）則是壓垮金本位的最後一根稻草。當時德國大有占領歐洲的態勢，加上軍費支出暴增，歐洲各國只有將手中的黃金儲備運往當時唯一沒有受到戰爭波及的美國，以換取資產保障及軍備支援。根據統計，當時美國擁有全世界 60% 的黃金儲備，多達 1 萬 5 千噸，大多數都是來自歐洲，當時全世界一年的黃金產量也不過 1300 噸。

戰爭末期歐洲已殘破不堪，也無力取回當初運往美國的黃金，因此，美國手中的大批黃金成為戰後全世界重建的寄望所在，美國也取代英國成為世界的獨強。1944 年，在美國

---

11 這是費雪的貨幣數量學說的基本假設，他認為物價的高低可以由貨幣供給的多寡來決定。

12 事實上經濟衰退的原因很多，有關貨幣的影響也有不同的解釋，在此僅以交易方程式歸納出的後果作概要式的說明。

新罕布夏州「布雷頓森林公園」召開聯合國和盟國貨幣金融會議，稱為「布雷頓森林會議」，通過《布雷頓森林協議》（Bretton Woods Agreements）。這個會議的影響力延續至今，主要的結論有：

1. 美國保證以 35 美元的價格兌換 1 盎司 [13] 黃金，同時以**美元作為國際間交易的支付工具**。
2. 成立**國際貨幣基金**（International Monetary Fund，簡稱 IMF），作為世界各國央行的央行，討論國家間貨幣事務，處理貿易收支及提供信用貸款。
3. 成立**世界銀行**（World Bank），執行戰後的重建與發展計畫，提供重建國必要金融支援及貸款。
4. 成立**國際貿易組織**（International Trade Organization，簡稱 ITO），消除國際間關稅及貿易障礙。這個組織一度改名為關稅及貿易總協定（GATT），現在則稱為**世界貿易組織**（World Trade Organization），簡稱 WTO。

「原來 IMF、WTO 這些名詞是從這兒來的。」

是的，國際貨幣基金、世界銀行、世界貿易組織並稱為二十世紀後半全球經濟和金融體系的三大支柱，我們今天所看到金融全球化、貿易自由化，到處理亞洲金融風暴、歐債危機紓困等，都有這三個機構的影子。

《布雷頓森林協議》對全球貨幣體系的最大影響，是確

---

13 盎司（ounce），英制的重量單位，一般物品 1 盎司相當於 28.35 公克，16 盎司為 1 磅；用於黃金重量時 1 盎司為 31.035 公克，12 盎司為 1 磅。

立了美元和黃金掛鈎的固定匯率制度（1 盎司 35 美元），而各國貨幣可以用固定匯率和美元交換，也可以用美元作為貿易支付、清償債務的工具，不用運送黃金；也就是說，即使央行金庫中沒有黃金，只要有美元，就等同於有黃金，可以視為貨幣準備而發行本國貨幣，並且進行貿易。

「我們習慣叫的美金，看來真的是有學問的。」

是啊！「美金」！「美金」！這個「美」後面的「金」可是貨真價實的黃金哪！

《布雷頓森林協議》確立了美元為中心的國際貨幣的體系，配合戰後美國主導的重建歐洲援助計劃[14]，促使歐洲在 1950 年代以後快速復甦。可是問題隨之產生：歐洲國家經濟復甦後，國力增強，這種人為規定的固定匯率制度受到了挑戰，歐洲本國貨幣開始出現升值壓力[15]，美元實質上開始貶值。歐洲國家不願意持有會繼續貶值的美元，於是紛紛將美元兌換成黃金運回國內。因此一個有趣的現象出現了：二十年前，歐洲國家不斷把黃金運往美國，作為龐大軍用開支的抵押，二十年後又像從當舖贖回典當品一樣又把黃金運回來了。

隨著歐洲經濟越來越好，美元貶值的壓力就越大，歐洲國家換黃金的動作就更快了。到了 1960 年代末期，歐洲已經將當初運到美國黃金的三分之二都運回國了。美國大量流失黃金準備，美元的地位受到挑戰。1971 年美國一度將美元兌

---

14 例如著名的馬歇爾計劃（The Marshall Plan）。

15 所謂升值，是指二國間貨幣兌換的價格，一國的貨幣價格相對於另一國貨幣變貴的現象，對另一國而言貨幣則是貶值。例如新台幣兌美元匯率由 30 元變成 29 元，表示原本要花 30 元台幣才能買到 1 美元，現在用 29 台幣就夠了，也就是新台幣變得比較值錢。此時新台幣相對美元是升值，美元兌新台幣則是貶值。

黃金的官價從每盎司 35 美元貶到 38 美元，企圖扭轉美元的地位，然而市場上已充分預期美元持續貶值。到了 1973 年，美元兌黃金的官價跌到每盎司 44 美元，而市價早已突破 70 美元，各主要貨幣互相之間開始採取浮動匯率制度[16]，布雷頓森林體系早已名存實亡。1976 年，國際貨幣基金會，也就是前面提到的 IMF，在牙買加召開會議，達成國際貨幣制度的新協定[17]。

1. 確認浮動匯率制，取消以美元中心的國際匯率，各國可以自行選擇匯率制度。
2. 取消黃金官價，黃金成為一般商品，可以按照市價自由交易，並取消國家之間以黃金作為最後計算的義務。

自此開始，黃金便不再是貨幣，也不再是貨幣發行的唯一準備，人類自此進入了完全紙幣的時代，金本位制度到此全面告終，距離它開始的 1876 年恰好是一百年。

好戲上場

「歷史課上完了？」

上完了。

「可是我有問題。」

我知道，看到這裡一定會有問題。

「然後呢？難道現在發行貨幣就不用準備了嗎？那不就

16 浮動匯率制度，是相對固定匯率制度的觀念。二國間的貨幣兌換不是在某個固定的價位上，而是視當時二國的貨幣供需狀況而定，因此匯率隨時會變動。前面所謂的升值和貶值就是浮動匯率下貨幣價格的波動。

17 即著名的《牙買加協定》（Jamaica Agreement）。這份協定還有關於成員國間特別提款權的新規定，此處省略。

跟元朝一樣？」

當然不是。

首先，《牙買加協定》雖然讓黃金退出了準備貨幣的崇高地位，但黃金並沒有離開世界的舞台。各國中央銀行仍或多或少持有黃金部位，只不過角色上轉變為中央銀行的資產之一，可以當做發行貨幣的準備，但不是唯一準備（見**圖3-1**）。

圖 3-1　全球主要國家中央銀行持有黃金部位

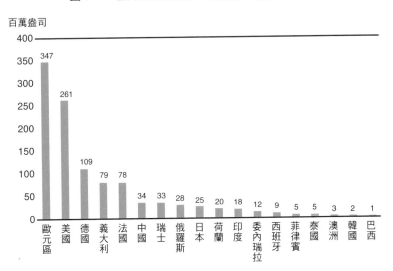

百萬盎司

註：截至 2011 年底，歐元區國家共有 17 國，分別為奧地利、比利時、賽普勒斯、愛沙尼亞、芬蘭、法國、德國、希臘、愛爾蘭、盧森堡、馬爾他、荷蘭、葡萄牙、斯洛伐克、斯洛維尼亞和西班牙

資料來源：國際貨幣基金（IMF），2012 年 6 月 30 至 2012 年 9 月 30 不等，各國資料時間不一

「那現在發行貨幣的準備是什麼？」

你想知道嗎？好，我告訴你，答案是美金。

「美金！你是說我們賺的錢，用的錢，背後都是靠美金在支持？」

嗯，實際狀況當然沒那麼單純，不過大致而言可以這麼說……。對了，現在美國發行鈔票已經不用黃金在背後作準備了，我們還是改稱回美元好了。

美元在 1970 年前後已經兌黃金大幅貶值，地位大不如前，但是《牙買加協議》等於替美元的地位解套。各國發行貨幣已不用美元背後的黃金作準備。但由於美國世界獨強仍不可動搖，美元的國際流通性最高，商品價格及貿易還是以美元計算，別無選擇下，多數國家還是以持有美元作為發行本國貨幣的準備，甚至採取固定匯率，把本國貨幣與美元掛鉤。到今天還是有地區的貨幣和美元採取類似固定匯率的制度，如香港 [18]。

「這我有點不懂，為什麼美元可以拿來當作另一個國家發行貨幣的準備？」

你可能聽過一個名詞叫作「外匯存底」。

「當然聽過。我們台灣的外匯存底世界前五名！」

外匯存底不是憑空掉下來的，也不是中央銀行要來的，它是全國人民跟外國人作生意賺來的。

我們跟外國人作生意，幫蘋果電腦（Apple）、惠普科技（HP）、思科（Cisco）代工組裝；生產衣服、鞋子、腳踏車；幫沃爾瑪超市（Walmart）生產日用品，將 M.I.T. 行銷全世界，

---

18 早期許多中南美洲國家和亞洲國家，包括台灣，因為對美貿易量龐大，避免匯率因素影響出口競爭，把匯率直接釘住美元。香港目前仍與美元固定在 1 美元兌換 7.8 港元的位置，上下波動極小。

從外國人手中賺到的美元或其他外幣，就叫作外匯。談到這兒，問你一個問題：當我們要把美元換成台幣時要跟誰換？

「跟銀行換啊！」

這麼說只對了一半，實際上是跟中央銀行換，因為所有商業銀行手中的美元都是從中央銀行來的，中央銀行掌握了所有外匯的買賣[19]。

當中央銀行拿到你的美元時，它就會換給你對等價值的本國貨幣。價格呢？就是當時本國貨幣兌美元的匯率，然後中央銀行就把這筆美元收起來，這就是外匯存底。這個動作就如同中央銀行用你賺到的美元當作準備，發行一筆本國貨幣在市場上流通。

「我懂了。這麼說，各國政府的中央銀行手中應該都是滿手美元，這樣看起來大家都很有錢啊！」

理論上是的。**在金本位時代，國際間的貿易表面上是美元、英鎊，但骨子裡是黃金**，也就是說 A 國手中如果有美元，是可以要求美國換成黃金的。可是**在金本位瓦解後，美元成為大家發行貨幣的信心來源，發行本國貨幣是基於持有美元的信心**。財富的計算，在過去是幾盎司、幾噸黃金，現在則是幾億美元，美元賺得越多，財富就越多。

「既然這樣，還有什麼問題？」

問題來了。

前面我們花了不少篇幅敘述貨幣的歷史，其中有標示出來三個重點，不知道你有沒有注意：

---

19 國際性的貨幣，如美元、歐元、日圓、瑞士法郎等，匯率是由 24 小時全球外匯交易市場的供需決定，中央銀行無法控制所有的買賣交易，僅能本身參與市場交易影響價格。非國際貨幣的中央銀行（如台灣）就能掌握外匯買賣。

1. 「準備」的存在是使用貨幣的信心來源。
2. 當大環境發生重大變化，影響到國計民生時，同時也考驗著使用者對貨幣的信任。
3. 任何國際間制度的遵行，都基於強權的維持。

在貨幣制度下，各國只要擁有資產，就可以當作發行貨幣的準備。當然，為了維持使用貨幣的信心，這些資產必須是大家認為具有價值的。除了一部分是黃金之外，從國外賺到的外幣，是我們努力生產外銷後的價值，美元、歐元、日圓等形式的外匯存底，都可以拿來當作貨幣發行的準備。如果跟其他國家進行貿易，賺到當地貨幣當然也可以用作貨幣準備，只是如果大家對這個貨幣的信心不是很夠，最好的辦法就是把它換成有信心的貨幣，好比美元。

目前全世界的外匯存底估計有 10 兆美元，其中主要貨幣的配置見**圖 3-2**：

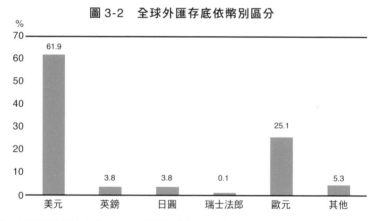

圖 3-2　全球外匯存底依幣別區分

註：本資料是外匯存底中，已公布貨幣配置的部分（約 5.5 兆美元）
資料來源：國際貨幣基金（IMF）、彭博資訊，2012 年 6 月

「原來全世界的錢，都是用其他人的錢當準備的。」

你這個說法太貼切了，現行的全球貨幣制度，是用彼此間的「信心」當作準備，不同幣別的外匯是我們對信心的表示方式。當外匯是以美元、歐元、日圓持有時，表示我們對這三種貨幣的信用度有信心。可是你有沒有想過一個問題：美元、歐元、日圓的貨幣，是用什麼當準備的？

「難不成也用其他國的貨幣？」

呵呵，還有那一國的貨幣會帶給美國聯準會[20]、歐洲央行、日本央行更高的信心？我們從這幾個央行的資產項目，也就是央行手中有那些值錢的東西就看得出來。我們以美國聯準會為例。**圖 3-3** 是美國聯準會的資產項目，顯示當發行美元的時候，手中所擁有的憑藉，也就是讓大家持有美元的信心來源。2008 年以前，美國公債，也就是下方綠色的部分，是主要的資產。

圖 3-3　美國聯邦準備理事會資產類別

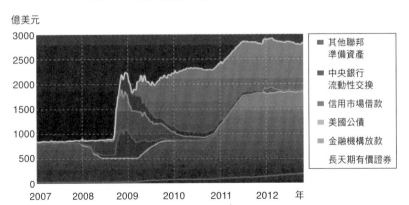

資料來源：美國聯準會（FED），彭博資訊，2012 年 11 月

20 有關美國聯準會說明，請見本書第一章註釋 7。

「你的意思是說，美國是用自己的負債當準備，發行美元？」

可以這麼說，這也是聯準會明定的職責之一[21]。美國世界獨強的地位維持了超過半世紀，美國公債長期享有最具信用的地位，在深根蒂固的觀念中，美國公債是不會有倒帳風險的，**我們在投資學上常說的「無風險資產」，指的就是美國的各式公債，拿美國公債當發行貨幣的後盾，沒有人有意見。**

不過 2008 年以後出現了變化。金融海嘯改變了美國金融業的生態，從貝爾斯登、雷曼兄弟的倒閉[22]，到二房（房利美、房地美）[23]的岌岌可危，世界性的金融危機爆發，聯準會為了拯救崩壞的金融體系，先是大開方便之門，對投資銀行等金融機構進行放款（圖3-3 橘色部分）；爾後和其他五大中央銀行聯手救市，提供 1800 億美元，避免金融危機一觸即發[24]（圖3-3 藍色部分）；2009 年 3 月及 2011 年 11 月二次的量化寬

21 在聯準會的職責項目中，有一項是：「透過出售及收回美國公債，執行其貨幣政策」。
22 貝爾斯登（Bear Sterns），雷曼兄弟（Lehman Brothers），過去為美國前五大投資銀行，掌管龐大的交易及投資金額。2008 年 3 月及 9 月因次及房貸投資失利及現金週轉不及先後宣布倒閉。其中貝爾斯登為摩根大通（J. P. Morgan Chase）接管，雷曼兄弟則因無人接管，引發全球性的流動性危機。
23 房利美（Mannie Mae）和房地美（Freddie Mac）是美國二大房屋抵押貸款證券化公司，為美國政府贊助的事業，主要業務是將房屋貸款以證券化形式在市場出售，以活化貸款市場資金流動並賺取利差。2008 年 9 月因次貨危機導致房市崩盤，法拍屋大增，二公司瀕臨破產，9 月 7 日美國政府宣布接管。
24 2008 年 9 月 15 日，雷曼兄弟倒閉引發全世界金融危機，各國銀行急需短期資金，美元需求暴增，利率飆升；同年 9 月 19 日，美國聯準會與日本、歐元區、英國、瑞士、加拿大五國央行聯手，向市場提供 1800 億美元的資金，避免危機擴大。這項措施被視為非常時期全球性的救援，2011 年 12 月 1 日，由於歐債危機蔓延，六國央行再度聯手，向市場提供無限量的美元。

鬆政策中，總共買進了 9500 億美元的房地產抵押債券（**圖 3-3**
黃色部分）及 9000 億美元的公債（**圖 3-3** 綠色部分），短短
四年間，資產總額從 8500 億美元暴增到 2.9 兆美元，等於是
用債券為準備，向市場多印了 2 兆美元的鈔票。相當於 60 兆
新台幣，是台灣五年所有生產（GDP）的總值！

「你是說，全世界什麼事都沒做，就多了 2 兆美元的鈔票？」

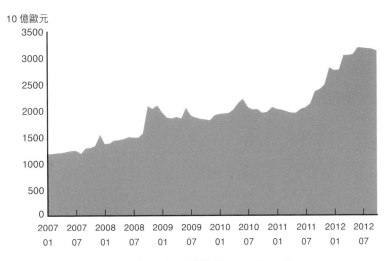

圖 3-4　歐洲央行資產規模增加狀況

資料來源：歐洲央行（ECB），彭博資訊，2012 年 10 月

這還只是美國而已，事實上各國央行為了不讓危機擴散，挽
救經濟，紛紛加入撒錢大賽：日本央行多次擴大購買公債，總額
已超過 30 兆日圓；英國央行從 2009 年 3 月起已四次進行量化
寬鬆，購買公債金額達到 3250 億英鎊；歐洲央行原本堅持不進
行大規模的公債買進計劃，但在歐債危機一波波的壓力下，2011

年12月至2012年2月進行二次超低利率（1%）的貸款，接受銀行以各國公債作抵押，形同在市場上收購公債，總額是1兆歐元。光2011年一年，日本央行資產就增加11%，歐洲央行增加36%，瑞士央行增加33%，美國聯準會增加了19%（見**圖3-4**）。

我們面臨的大問題

「怎麼聽起來越來越不舒服。」

發行貨幣對中央銀行而言，本身就是負債的增加，關鍵是在發行貨幣的同時，用什麼資產來當作背後的支撐。過去長時間用國際間信用良好的公債當準備，除了債留子孫這方面比較為人詬病外，其實也沒什麼不對，只要那個國家債務狀況良好，按時還款，這個遊戲規則便還可以持續下去……

「等一下，最近常聽到的什麼歐債危機、美債危機、公債泡沫，跟這個有沒有關係？」

你很厲害喔，已經會聯想了。

這些拿來當作貨幣發行準備的公債，一度成為挽救金融海嘯的良方，但是沒有一件事情能夠只享受到好處而不付出代價的。過去二年歐美日的公債，都被不同程度的懷疑是否還值得過去長期的好品質[25]。用這些品質下降的公債當作貨幣發行的準備，不禁令人擔心這些貨幣的價值。

再重複一次前面的重點：當大環境發生重大變化，影響到國計民生時，同時也考驗著使用者對貨幣的信任。

「難道印了這麼多鈔票，對經濟一點幫助也沒有嗎？」

---

25 著名的信用評等機構標準普爾，分別在2011年1月調降英國、2月調降德國和法國、8月調降美國的長期公債評等，不再是最高的評級。日本更在1、2月連續調降二次。其他信用評等機構也陸續跟進。

　　說沒有是騙人的，畢竟這劑猛藥有效的阻止了金融市場的全面潰散，我們不致於回到 1930 年代經濟大蕭條時期。但是說它能夠讓經濟起死回生卻又「太超過」，從美國 2008 年至 2012 年 9 月的經濟表現可以看出（見**圖 3-5**）。

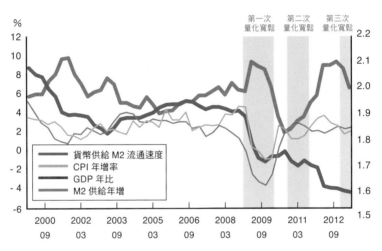

圖 3-5　美國主要經濟數據表現

資料來源：美國商務部、聯準會，彭博資訊

　　同時，我們再拿出「交易方程式」來對照**圖 3-5**，作個複習吧：粉紅色區域的三次「量化寬鬆」造成美國貨幣供給增加（M，紅色線），依照前面的例子，物價也應上升（P，橘色線），但事實上物價的回升幅度不大，經濟成長也很有限（Y，綠色線）。原因是此次金融危機直接影響消費及投資，大家寧願保有現金在手中。我們看到貨幣的流通速度急速下降（V，藍色

線），幾乎把貨幣供給增加的幅度抵消了，因此自 2008 年金融海嘯以來，聯準會大印鈔票，不惜賭上美元的信用，但對於經濟復甦的幫助卻極其有限，儘管 MV 還是等於 PY。

「我們手中的美元還有價值嗎？」

我可以給你一個參考指標，黃金價格 2002 年 1 盎司是 300 美元，2008 年是 850 美元，2012 年則是 1700 美元。投資人對美元價值的態度已經由市場行為充分表示了，記得嗎？**任何國際制度的遵行，都基於強權的維持。**今日美國的強權已不若過去，它的貨幣在未來能否如今日流通全世界，享有「超級貨幣」的待遇，沒有人知道，這是歷史才能回答的問題。

全世界的經濟，並沒有因為大印鈔票而變好，但是憑空而生的鈔票，背後卻是更為龐大、品質下降的債務。我們變得滿手鈔票，可是我們更窮了。

貨幣可以衡量財富，而貨幣並不等於財富。

好了，課程結束。

起立，敬禮。

下課！

◀ 參考資料

1. Harvinder Kalirai, "Foreign Exchange Strategy Special Report: F/X Themes for 2012," BCA Research, January 6, 2012.
2. Henry S. Dent Jr., "The Economic Guide for Effective Financial Decision Making," HS Dent Forecast, November 10, 2011.
3. BCA Research Editors, "The Bank Credit Analyst~Outlook 2012," BCA Research, January 2012.
4. Dhaval Joshi, "European Investment Strategy: Money Trouble," BCA Research, March 2012.
6. Nilson Teixeira, "Brazil Economics Digest, " Credit Suisse, February 2, 2012.
7. Louise Street and team, "Gold Demand Trends," World Gold Concile, February 2012.
8. Marco Papic and Doug Peta, "Fiscal Adjustment In America: Not LIKELY Without A Market Riot," Special Report, BCA Research, December 5, 2011.
9. 林鐘雄，貨幣銀行學（台北市：三民，1993）。
10. 林正寶，「台灣金融產業的發展與變革」，國際金融與台灣經濟發展講座，國立中興大學，2009 年 3 月 6 日。
11. 沙朝振，「元朝錢幣的鑄行」，中央政府門戶網站，http://www.gov.cn（檢索於 2006 年 05 月 10 日）。
12. 彼得‧伯恩斯坦，黃金的魔力（台北市：商周出版，2002 年）。
13. 中央銀行全球資訊網，http://www.cbc.gov.tw。

4

人口 消費世代的結束

> 我們常常不去想自己擁有的東西，
> 卻對得不到的東西念念不忘。
>
> ——亞瑟·叔本華

這一章我們來談談血拼。

「太好了，我超愛血拼。你有沒有聽過 Fast Fashion？我告訴你，最近日本和西班牙的二個 Fast Fashion 品牌都不錯。」

恭禧你，希望大家都能像你一樣繼續血拼下去。

「什麼意思？我們會變得沒錢嗎？」

那倒沒那麼快。可是，我也擔心會太慢。

「為什麼？」

因為那樣大家會沒感覺。

過去二十年，我們享受了歷史上從未有過的消費狂潮。自 1980 年代末期開始，有六大外在的原因造就了這個消費世代：

1. 能源危機的結束，物價回穩，消費力重新被釋放。

2. 經濟版圖挪移，從美國、日本、亞洲到中國，大量新興財富人口不斷出現。

3. 世界貿易打開了全球一體的市場，許多新的消費模式也一再被塑造、成形。

4. 冷戰結束，國家藩籬的消弭促成了新的經濟活動，如觀光及商務旅遊。

5. 電信法令限制的解除促成了網際網路的發達，電子商務的開展，以及行動通訊的爆炸成長。

6. 全球化的產業分工，讓製造成本大幅降低，消費成為全人類的活動，不再是有錢人的專利。

說穿了，這段消費的黃金時代，主要的外在因素是大環境的改變，但還有另一個潛在的、內在的關鍵因素。

「什麼內在因素？」

是一群為數不少的人，在適當的時候有了錢。

消費，除了要有能力之外，也要有意願。經濟上，人們的所得收入，在過去數十年間有了明顯的增加，消費的基本因素：錢，已經具備。在此同時，這一大群人有極高的消費動機願意消費。

「有點模糊，可不可以再說清楚一點。」

一個人從出生到最後離開世界，各階段的需求是不同的。小時候簡單的玩具糖果就能夠滿足、青少年時期開始愛追流行好打扮、中年成家立業要養兒育女、老年要有棲身之所加三五老友。在不同的人生階段下目標不同，換算成消費需求

也有差異。我們大略可以想像得到：年輕時愛消費，年老時愛儲蓄。美國在 2000 年針對勞動人口所得及消費結構做過一項調查，清楚地描繪出人一生的所得和消費曲線，如圖 4-1：

圖 4-1　美國勞工所得及消費趨勢

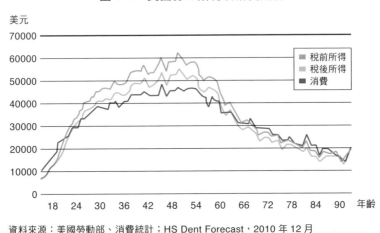

資料來源：美國勞動部、消費統計；HS Dent Forecast，2010 年 12 月

圖 4-1 顯示了美國勞動人口在各年齡層下的稅前所得、稅後所得、消費金額。其結論相當具有參考價值：

1. 30 至 55 歲的勞動人口是所得和消費的最大族群，對政府來說，這個族群就是最大的稅收來源。
2. 平均而言，消費在 46 歲時達到最高點，之後維持在高檔，到 54 歲以後才開始明顯減少。這項結論相當重要，我們先給它個名稱：「46-54 法則」。

3. 平均而言，**所得在 50 歲時達到最高點**，50 歲以後開始快速下降。我們可以稱之為「**五十歲關卡**」。

由上面的調查結果可以得出一個想法：如果在某一段時期，全世界有比較多的人口集中在 30 至 55 歲，這個時期的消費需求應該會明顯比較強，不僅如此，對於政府稅收也有正面的好處。

而我們，以及這個世界，才剛剛經歷過這一段美好的時光。

嬰兒潮世代

現代人不婚率高，生育率更低。根據聯合國的統計，1950 年全世界的平均出生率為千分之 37.2，也就是每一千名人口中有 37.2 名新生兒[1]；到了 2010 年，這個數字成為千分之 20.3，幾乎少了一半。聯合國更預估，這種趨勢若不改變，2050 年，也就是四十年後，出生率會進一步減少到千分之 13.4。因此，各國政府的人口政策的主要方向之一，就是提振出生率。有趣的是，相較於今天大家都不願意生小孩，半世紀多以前全球可是搶著生。

「你在開玩笑嗎，怎麼還有搶著生小孩的？」

還真是有！1945 年第二次世界大戰結束後，軍人回到家鄉，國家忙著重建，在大戰結束後的數十年間，經濟開始成長、教育開始普及、食物及醫療供應不再缺乏，大大增加了當時結婚生子的意願。從美國、歐洲、到日本，先後出現一

---

1 聯合國統計資料。這裡所採用的出生率是指粗出生率（crude birth rate），是指（一年內存活之新生兒總數／年終總人口數）×（1000%）。台灣地區出生率在 2009 年最低跌至千分之 8.29，也是全球最低的地區。

段出生率顯著增加的時期，稱之為「嬰兒潮世代」。美國是這股嬰兒潮世代的代表。

　　圖 4-2 是二十世紀全美國的出生率統計，可以看得出來 1946 到 1964 年間出生率明顯較戰前高，美國人口統計局將此一時期定為「出生潮」（Birth Boom）[2]，後人通常稱之為嬰兒潮。在這段時期內，統計美國總共有 7730 萬新生兒出生，較戰前同樣期間增加了三分之一；1970 年，美國人口正式突破 2 億，嬰兒潮的貢獻功不可沒。

圖 4-2　美國出生率

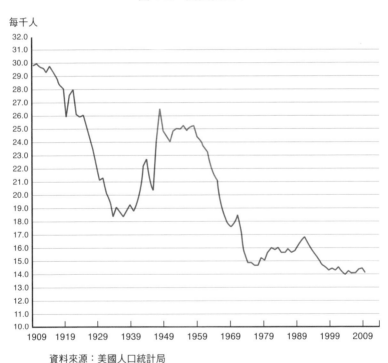

每千人

資料來源：美國人口統計局

不只美國，在同一時期，歐洲各國也出現類似的戰後嬰兒潮現象，英國、法國及中歐、北歐各國在戰後的二十年間出生率也明顯提高。不僅戰勝國如此，戰敗的德國和日本，也在戰後出現同樣的嬰兒潮：日本在 1946 至 1955 年的十年間，人口就由 7100 萬迅速增長到了 9000 萬，幾乎增加了 30%[3]；德國 1955 至 1967 年間人口也快速增加，短短十二年從 6700 萬人劇增到 8000 萬人 [4]。全球人口在 1960 年間突破 30 億人，並且僅僅經過了十四年間就達到了 40 億人，從此每隔十二至十三年便增加 10 億（見**表 4-1**）。

表 4-1　全球人口突破整數關卡時間表

估計年代	1804	1927	1960	1974	1987	1999	2012*	2027*	2046*
人口數（億人）	10	20	30	40	50	60	70	80	90
經過時間（年）	-	123	33	14	13	12	13	15	19

資料來源：美國人口統計局估計，* 為預估值

「原來今天世界人口爆炸，這個嬰兒潮時代也有貢獻。」

也可以這麼說。雖然說人口眾多對資源來說是件消耗，但在經濟上卻不算是壞事。每個世代都會有消費的需求，也創造了經濟成長。只不過嬰兒潮世代特別不一樣。

「怎麼不一樣？」

2「Boom」這個字用於形容出生潮或嬰兒潮（baby boom），最早見於《紐約郵報》（*New York Post*）專欄作家 Sylvia Porter，於 1951 年 5 月撰文描述美國戰後出生率增加現象時所使用的字，後來被廣泛使用成為專門用語。

3 日本社會學者堺屋太一在 70 年代提出「團塊世代」（団塊の世代，團塊是用來比喻這個世代的人為了改善生活環境而辛勤的工作，緊密地支撐著日本社會）一詞，指的就是 1946 至 1964 年間嬰兒潮集中在一塊出生的一代人。

4 此為東西德加總的數據。

依照圖 4-1 的調查結果，一個人在 30 歲以後逐漸進入消費的增加期，在 46 至 54 歲間達到高峰，消費的高峰除了食物、衣服等一般開銷外，比較大的支出不外乎是購房、購車、子女教育費用。嬰兒潮世代的人數較過去增加三分之一，換句話說，當這一批人進入「46-54 法則」的消費高峰期時，整體的消費需求和力道應該會特別強。

「有道理。」

好了，那我們簡單來計算一下，圖 4-2 告訴我們，美國嬰兒潮時代是從 1946 年開始，到 1958 年間都維持相當高出生率，直到 1964 年才回復正常。根據前面「46-54 法則」，第一批幸運兒 46 歲時是什麼時候？

「嗯……1946 年＋ 46 ＝ 1992 年！」

是的，當 1992 年時，第一批嬰兒潮世代達到了他們消費的高峰期。同樣的我們可以算出 1958 年出生的嬰兒會在 2004 年、1964 年出生的嬰兒會在 2010 年分別達到他們人生的消費高峰。

表 4-2 總結了嬰兒潮世代消費和所得的高峰期。其中消費最精華的時段是 1992 至 2004 年間，所得高峰則是 1996 至 2008 年間，2012 年以後消費熱潮逐漸消退，直到 2018 年回歸常軌。

表 4-2　美國嬰兒潮世代消費所得高峰期估計

出生年	消費高峰開始（46 歲）	所得高峰（50 歲）	消費高峰結束（54 歲）	退休（65 歲）
1946	1992	1996	2000	2011
1958	2004	2008	2012	2023
1964	2010	2014	2018	2029

「這段時間的經濟成長特別好嗎？」

數字會說話。圖 4-3 告訴我們，美國 1985 至 2011 年間的年經濟成長率平均為 2.65%。但是在消費精華的 1992 至 2004 年間，只有三年的經濟成長率低於平均值，分別是 1995、2001 及 2002 年，這三年分別有墨西哥的金融危機以及網際網路泡沫化的衝擊，經濟出現了下行的循環。但整體而言，這段時間的經濟成長是非常突出的，至少比起後來八年（2005 至 2011 年）要好太多了。消費是美國經濟成長的最大動力，雖然促使經濟成長的因素很多，但美國 1990 年代長時間的經濟榮景，造就了另一波經濟強權時代，嬰兒潮的「46-54 法則」絕對是原因之一。

圖 4-3　美國經濟年成長率

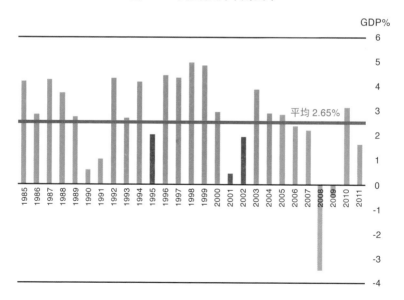

資料來源：美國商務部，彭博資訊

「真沒想到，生小孩的影響力這麼大。」

不僅如此，前面的調查結果也提到，30 至 50 歲也是繳稅的高峰期，我們看看美國同一段時間的稅收和支出狀況。

圖 4-4 顯示近三十年美國聯邦政府稅收和支出的狀況。自 1992 年起美國聯邦政府稅收開始明顯增加，直到 2000 年一度高過國內生產總值（GDP）的 20%。在柯林頓政府主政下削減開支，美國在 1998 至 2001 年間出現了二次大戰後唯一的財政盈餘時期 [5]。

圖 4-4　美國聯邦政府稅收及支出占國內生產總值（GDP）比重

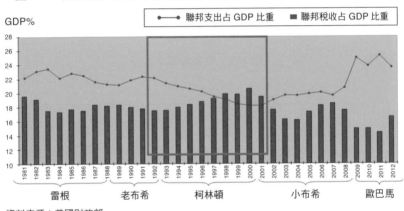

資料來源：美國財政部

美國是全球最大的消費國家，消費顯著的成長同時也帶動了全球經濟的擴張。事實上包括日本的「團塊世代」、歐洲的嬰兒潮也帶動了程度不一的消費需求。亞洲出口國家如

---

5 2002 年以後，小布希總統因應網路泡沫化導致的衰退，推行減稅及增加政府開支，稅收逐年遞減；2003 年出兵伊拉克，軍費支出暴增，政府赤字日益擴大；2008 年金融海嘯，政府推出一連串救市計劃，舉債額度不斷提高，赤字問題更加難以收拾。

台灣、韓國，因應歐美強大需求，創造了高額的出口貿易盈餘，更是這一波消費熱潮的直接受惠者。

「原來台灣也有受到嬰兒潮的好處啊！」

是的，**一群為數不少的人**，**在適當的時候有了錢**，帶動的全球經濟成長效應就是這麼明顯，難以置信卻又這麼真實。

他們都老了

我知道你接下來要問問題。

「是的，我想問的是：這群嬰兒潮世代現在過得怎麼樣？」

你說這群人嗎？他們過的還不錯。

「還不錯？那你的問題在那裡？」

我沒有說這群人過得不好，我擔心的是這一代、和下一代過得好不好。

嬰兒潮世代帶來的龐大消費需求，給了我們過去二十年的經濟榮景。不過，第一批（1946）嬰兒潮的人口，到了2000年起消費力開始下降，在2011年開始退休；嬰兒潮的最末期（1964）人口，則是在2010年，也就是他們46歲的時候，達到了他們人生中消費的高峰。可是你也知道，金融海嘯、歐債危機，打亂了這最後一批嬰兒潮世代的消費步調，很難再像過去那般揮霍。

換句話說，未來全世界的消費動能，已經不能再依賴這群人了。

「難道這幾十年來，沒有第二波、第三波的嬰兒潮嗎？」

　　嚴格說起來有，例如1990年代末期蘇聯瓦解，冷戰結束，出生率曾有一波明顯增加；西元2000年前後，也有所謂的千禧年嬰兒潮，但這些都無法與1946至1964年的規模相比。

　　「可是，全世界人口不是爆炸嗎？人口越來越多，消費需求也應該越來越強啊！」

　　這個說法是有邏輯上的問題。是的，全球人口已突破70億，以數量來看的確會有龐大的消費潛力，我們也發現，新興國家的崛起，在所得提高之後，消費動能也將成為另一波經濟成長的動力。但是，有一個結構性的現象正在發生，不利於這股消費熱潮延續。

　　圖4-5是聯合國統計並預估全球人口，依年齡和性別的分布圖。1950年至2010年，全球人口尚符合正常的「金字塔型」[6]，但是從現在開始四十年後，到了2050年，全球30歲以下的人口幾乎會呈現停滯，取而代之的是60歲以上的人口暴增。換句話說，全球人口不斷增加，主要是由於人活得越來越久，而不是越生越多。

　　地球上的人就越來越老了。

　　這種從「金字塔型」到「水桶型」的人口結構，最不利的就是消費動能的維持。簡單來說，由於年輕人越來越少，老年人越來越多，享有「46-54法則」的可能性越來越低，反而經過「五十歲關卡」的人口越來越多。高齡人口的消費有它的特殊需求，也有成長空間，但卻不利於整體經濟的提升。

---

6 人口結構若以年齡區分，比較正常的是所謂「金字塔型」，也就是年輕人口較多，越年長人口越少，表示未來是以青壯人口為主，人口會持續增加，經濟規模擴張。若呈現「水桶型」，表示年輕人與青壯人口相當，人口成長將會遇到瓶頸，經濟擴張受限。最差的是「倒金字塔型」，年輕人口反而低於中老年人口，未來人口會逐漸萎縮，經濟呈現衰退。目前全世界主要國家中人口比例最差的是日本，是典型的「倒金字塔型」，台灣則有「水桶型」的趨勢。

圖 4-5　全球人口分布及預估

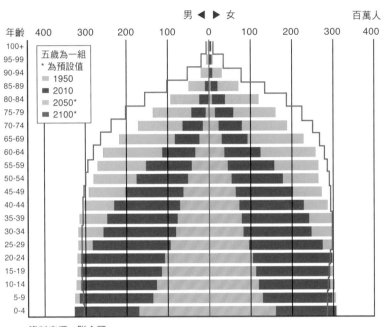

男 ◀ ▶ 女　　　　　　　　　百萬人

五歲為一組
* 為預設值
　1950
　2010
　2050*
　2100*

資料來源：聯合國

「老年化」加「少子化」雙重襲擊

「你說的這個現象，是不是就是所謂的人口老年化？」

你說對了一半。「水桶型」的人口結構除了說明人口「老年化」之外，另一端也說明了「少子化」。

全球正面臨了人口結構的重大變化，總人口數雖然在增加，但老年人比例變高，年輕人比例下降。美、歐、日等過

去的經濟領頭羊，現在正面臨著程度不一的人口老化問題，這個問題已經嚴重影響到國力的維持和經濟的發展。

美國的人口結構正是此波人口結構大調整的縮影。嬰兒潮貢獻了暴衝式的人口增加，到了 1960 至 1970 年代，青少年（18 歲以下）人口一度占了總人口的三分之一以上，同時期老年人（65 歲以上）的比例不到一成；可是到了 2010 年，出生率下降使得青少年人口比例降到總人口的四分之一，但老年人口卻上升到 13%。如果以人口年齡的中位數[7]來看，1970 年尚不到 30 歲（28.1），但 2010 年已大幅增加將近 10 歲（37.2），人口年齡正快速往高齡移動（見圖 4-6）。

不僅是美國，全球也是如此。圖 4-7 為全球主要地區的出生率及扶養比[8]走勢。

圖 4-7 左的出生率中，各地區 2015 出生率幾乎都較 1985 至 2010 年平均值減少三成以上，美國預估從目前的 1.2% 減少到 0.3%，減少 75%；歐洲更從 0.5% 減為零出生率，幾乎沒有人願意生小孩！就連最近這幾年引領全球經濟成長的新興國家，也面臨出生率大幅下降的問題。

圖 4-7 右的扶養率趨勢顯得更為驚人：日本早在 2004 年即跨過 50% 的門檻，歐洲則是在 2012 年達到這個水準。50% 的扶養率，意味著每二個勞工，除了必須養活自己外，還得負擔另一個人的生活。如果受扶養的人是小孩，當小孩

7 中位數年齡（Median Age），是一種計算人口年齡老化程度的指標。方式是將全國人口依年齡由小到大排成一列，取最中間那個人的年齡，即為人口年齡的中位數。中位數越高表示人口結構越偏向高齡。

8 扶養率（Dependency ratio）是人口統計的方法，為總人口中受扶養人口相對勞動人口的比率，用以顯示勞動人口的負擔程度。計算方法是：（0-14 歲及 65 歲以上人口數）／（15-64 歲人口數），比率越高表示勞動人口負擔越重。

長大後，還能進一步分攤勞動人口的負擔；但從老年化及少子化的趨勢看來，這個受扶養的人很可能是老人，這樣下去，青壯勞動人口的負擔只會越來越重。

圖 4-6　美國各年齡層人口比重變化

	18 歲以下	18-44 歲	45-64 歲	65 歲以上	中位數年齡
2010	24.0	36.5	26.4	13.0	37.2
2000	25.7	39.9	22.0	12.4	35.3
1990	25.6	43.2	18.6	12.6	32.9
1980	28.1	40.9	19.6	11.3	30.0
1970	34.3	35.3	20.6	9.8	28.1
1960	35.9	34.8	20.3	9.0	29.5

資料來源：Sex and Age Composition 2010，美國人口統計局

圖 4-7　全球主要地區出生率（左）及人口扶養率（右）

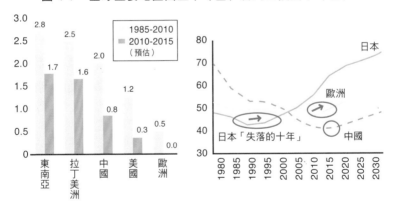

註：資料均為百分比
資料來源：聯合國

「老年化」及「少子化」帶動的扶養率上升，對於長期經濟發展相當不利：

1. 老年人口數量增加和平均年齡的提高，社會資源運用也必須隨之調整。退休金等福利支出暴增，政府預算面臨排擠，大量的預算被編列到低報酬低效益的退休給付，國家建設和制度改革付之闕如；醫療資源嚴重傾斜到老人疾病治療、看護及照顧，醫學研究和創新技術進度嚴重落後。社會生產力降低，創造就業的投資項目也隨之減少。近二年襲捲全球的歐債危機，很大的原因即是各國政府大量舉債支應龐大的退休金及福利開支所致。部分國家如法國、西班牙、希臘嘗試修法延長退休年齡或減少福利，結果引發了大規模的罷工和抗爭。

2. 對於年輕一代的勞動階級而言，老年化加重當前的經濟負擔，少子化意味著未來將無法依賴下一代供養。在這樣的狀況下，唯有自己為自己的退休生活作預備才是解決之道。因此，減少目前的消費，增加儲蓄，以為未來作準備，將成為這一世代遲早會面臨到的問題。

在這兒，我們得特別談談日本。日本是人口老年化最明顯的例子，也是全球各國討論老年化的借鏡。經濟上，日本自 1990 年房地產泡沫化後步入「失落的十年」，2000 年以後經濟不但沒有起色，反而更加失去活力，「失落的十年」

變成了「失落的二十年」，目前看起來更有可能進入「失落
的三十年」！人口結構上，日本 65 歲以上的老年人口將近
3000 萬人，占總人口的 23.1%，75 歲以上的人口占有
11.4%。2007 起，日本的出生率正式低於死亡率（見**圖4-8**），
日本政府更悲觀的預估，2013 至 2014 年將是日本人口的最
高峰，此後開始減少，2050 年日本人口將從現在的 1.27 億人

圖 4-8　1950 年以來日本出生率及死亡率

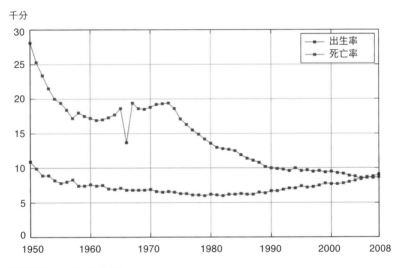

資料來源：日本厚生勞動省

銳減至 9500 萬人 9。人口結構老化使得日本經濟失去了活力
及動能，即使日本政府用盡了所有政策刺激經濟，留下了目
前將近 3 倍國內生產總額的公共債務，以及長達十餘年不變

9 此處日本人口統計及預估資料均來自日本厚生勞動省，2011 年資料。日本
　政府曾在 1989 年預估若出生率狀況不變，65 歲以上老年人口將在 2030 年
　超過 24%，但是這個數字在 2012 年就可能達到，較預估提早了十八年。

的零利率政策，但成效依然有限。

我們還能有下一個消費世代嗎？看來沒有。

危機可能減緩，但不會消失

「中國呢？我們不是一直在談中國崛起，成為下一個消費大國嗎？」

的確，中國有 13 億人口，想當然爾這是一股多麼龐大的力量。這股力量過去用在製造業和出口，改變了全世界製造業的版圖，「中國製造」行銷全球，現在這股力量轉移到內需，全世界都在看這個潛力無窮的消費市場。

談到中國消費市場的潛力，大多不外二個觀點：

1. 從人口數量來看，中國 13 億的人口是人類有史以來最大的單一國家市場。任何產品只要占有少部分的市占率，就相當於其他國家的大部分市場。中國 1% 的人口相當於半個台灣；10% 的人口相當於一個日本，或是半個美國。
2. 從經濟規模來看，中國經濟崛起，人民所得增加，過去消費不起的生活水平，現在有能力也有意願消費。這種從無到有的爆炸性增長，任何產業都不願意錯過。

這二個觀點都沒有問題，也都是全球產業聚焦在中國市場的最佳理由。然而，如果前面提到的嬰兒潮消費世代是確實的，這樣的事情會不會在中國發生？

事實上，它已經發生了。

中國在戰後的嬰兒潮，比較認可的說法是 1962 年至 1975 年，高峰在 1965 年 [10]。人口出生率平均達到千分之 33，新生兒將近 2.5 億人，是中國歷史上出生人口最多的時代。

中國的嬰兒潮世代，相較於美國（1946-1964）大約有 16 年的落差，如果我們再以「46-54 法則」來計算，中國的嬰兒潮世代，大約在 2008 至 2011 年間開始進入消費的急速擴張期，在 2016 至 2021 年間達到高峰，此後逐漸減少，直到 2029 年結束 [11]。

「這麼說，我們今天談的中國消費、世界市場，也是嬰兒潮的結果？」

不知道是不是巧合，還是「46-54 法則」確實存在，從結果上可以這麼說。中國經過改革開放三十年，先讓一部分人富起來，接著為數眾多的中產階級也開始有錢了，比起前一世代，這一代中國人的消費能力與實力的確大不相同。不過單從經濟角度未必能說明全貌，中國嬰兒潮世代出生的 2.5 億人，也必定是這股消費熱潮的重要原因。

不過，中國在 1980 年後實施計劃生育，也就是俗稱的「一胎化」政策，人口成長便逐漸出現停滯。到了今天，中國同樣出現了人口老化的危機。圖 4-7 中聯合國估算中國的扶養率，在 2015 年以後也將觸底上升；而根據美國史丹福大學胡佛研究中心的報告，2025 年中國 65 歲以上的人口將比 2000 年增加 2 億人，這又將是人類史上最大的「年齡遷徙」（見圖 4-9）。

---

10 對中國在戰後嬰兒潮時間點的說法很多，包括 1949 至 1960 年間也有千分之 30 左右的出生率，不過比較認可的是 1962 至 1975 這段時間，平均出生率超過千分之 30。

11 1962、1965、1975 加 46 分別是 2008、2011、2021；加 54 分別是 2016、2019、2029。

圖 4-9　中國人口分布及預估

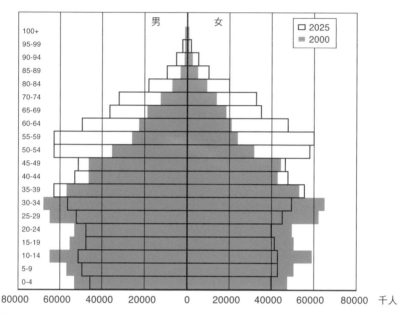

資料來源： "Growing Old the Hard Way: China, Russia, India" , Hoover Institution
　　　　　 Stanford University

　　因此，就算從今天算起，中國消費所帶動的熱潮，也不
過剩下十餘年左右的時間。

台灣面臨更劇烈的「年齡遷徙」

　　「說到這兒，台灣的狀況呢？我只知道大家都不想生孩
子。」
　　台灣的少子化、老年化早就不是新聞，2009 年台灣的出
生率降到千分之 8.29，正式成為全世界出生率最低的國家。

這二年政策上端出了不少補助和鼓勵措施，又逢建國 100 年結婚潮、龍年生子潮，出生率才略為好轉。

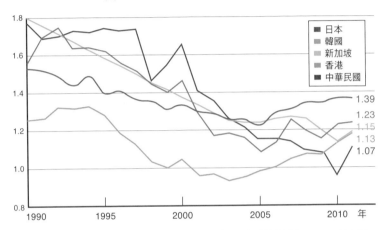

圖 4-10　亞洲國家出生率比較

資料來源：「中華民國 2012 年至 2060 年人口推計」，行政院經建會，2012 年 8 月

　　出生率的下降是世界趨勢，台灣並不是獨一無二的，但是以下降的速度而言，台灣卻是惡化最快的。**圖 4-10** 比較亞洲主要國家，尤其是亞洲四小龍近二十年的出生率，台灣在 2000 年以前還是名列前茅，但 2000 年以後的十年，卻以急速下墜的方式減少，惡化的速度難以想像。我們前面已經反覆說明美國、歐洲、日本、中國的例子，還有「46-54 法則」，不難推估 2000 年至 2010 年出生的台灣新生代，當他們到達所得和消費高峰期，也就是 2046 至 2064 年間，他們能帶動的消費力量將會特別的弱。

　　台灣極端的「少子化」結果，相對就會產生極端的人口「老年化」，也就是人口老化的速度比其他國家來得快。根據行政院經建會的推估，台灣在 1993 年已成為「高齡化」（ageing）國家，65 歲以上人口占總人口 7%；預估 2018 年將超過 14%，成為「高齡」（aged）國家；2025 年將超過 20%，正式成為「超高齡」（super aged）國家（見圖 4-11）。

圖 4-11　台灣推估人口分布

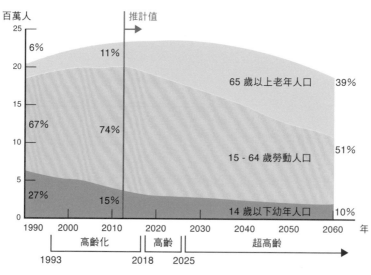

資料來源：「中華民國 2012 年至 2060 年人口推計」，行政院經建會，2012 年 8 月

　　德國從高齡到超高齡國家花了近二十年，美國估計也將耗時二十年，日本花了十年，已經是全球速度最快。而台灣，恐怕只需七年。

圖 4-11 同時顯示另外二個驚人的趨勢：

1. 由於老年人口不斷增加，勞動人口（15 至 64 歲）比例相對減少，台灣地區的扶養率也會隨之快速跳升。**圖 4-7 右**繪出日本、歐洲、中國的扶養率將逐年攀升，但是**台灣的上升速度將遠高於其他國家。推估扶養率將從 2010 年的 35%，上升至 2060 年的 97%！**相當於一個勞動人口就必須負擔一個老人或小孩的生計，其中大部分會是老人。

2. 人口快速老年化也反應在年齡的中位數上。前面**圖 4-6** 已說明美國的年齡中位數在 2010 年已經上升到 37.2 歲，不過根據美國人口統計局的估計，到 2050 年美國年齡的中位數僅會微升至 39.3 歲；但是**台灣在同時期卻會從 37.4 歲，成長到不可思議的 55.6 歲！**在主要國家中僅次於韓國的 55.9 歲[12]。

極端老化的結果，固然會促進「老人經濟」的興起，像近年來越來越多資源開始投入老人安養、老人看護、老人社區等。不過，一個社會的消費力最主要還是得靠所得一族，也就是勞動人口趨使才正常。從這個推估數字描繪出來的台灣人口金字塔，從 1983 年的正常的「金字塔型」，2011 年的「中廣型」，到 2060 年估計的「倒金字塔型」，令人不免擔心，青壯年人口的快速下降，將會浸蝕台灣長遠未來的經濟趨動力（見**圖 4-12**）。

---

12 據經建會引用各國人口統計資料，日本的年齡中位數將從 2010 年的 45.1 歲成長到 2050 年的 53.4 歲；同時期德國從 44.2 歲上升至 51.2 歲；法國從 39.8 歲升至 44 歲；韓國從 37.9 歲升至 55.9 歲。

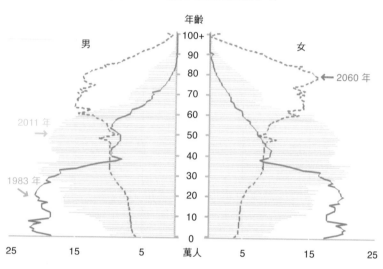

圖 4-12　台灣地區人口金字塔

資料來源：「中華民國 2012 年至 2060 年人口推計」，行政院經建會，2012 年 8 月

「這樣看起來，我們是不是該為自己老年生活打算了？」
你說的對，這部分我們後面章節再討論。

「那麼，我現在是應該去血拼，還是開始去存錢？」

It's up to you. 但我認為你應該好好思考這個問題。

◀ 參考資料

1. 哈利‧鄧特二世（Henry S. Dent Jr.），The Great Depression Ahead, 陳琇玲譯，2010 大崩壞（台北市：商周，2009）。
2 Population Reference Bureau, "2011 World Population Data Sheet," 2011.
3. Henry S. Dent Jr., "Near-Term Correction in Progress, Then Final Run Up," HS Dent Forecast, December 10, 2010.
4. Henry S. Dent Jr., "The Markets Are Now Likely Heading Substantially Higher After a Near-Term Correction," HS Dent Forecast, November 10, 2010.
5. Carrie A. Werner, "The Older Population: 2010," US Census Bureau, November 2011.
6. Lindsay M. Howden and Julie A. Meyer, "Age and Sex Composition: 2010," US Census Bureau, May 2011.
7. Paul Mackun and Steven Wilson, "Population Distribution and Change: 2000 to 2010," US Census Bureau, March 2011.
8. Barbara Crossette and Editor Team, "State of World Population 2011," UNFPA, United Nations, 2011
9. Nicholas Eberstadt, "Growing Old the Hard Way: China, Russia, India," Hoover Institution Stanford University, April 2006.
10. 行政院經建會人力規劃處，「中華民國 2012 年至 2060 年人口推計」，2012 年 8 月。
11. Andrew Casso, "The Dirtiest Word in American Politics," http://blogcritics.org/politics/article/the-dirtiest-word-in-american-politics/page-2/.
12. Hashi, "The Curse Of The Fire Horse: Japan's Ultimate Form Of Contraception," http://www.tofugu.com/2012/04/11/the-curse-of-the-fire-horse-japans-ultimate-form-of-contraception/.

我們的新世界

馬雅傳說中世界末日的一年，2012 年，在我看來，是世界脫胎換骨的一年。

我們正在經歷能源、糧食、貨幣、人口四大危機，危機不是一天造成的，也不會一天就結束。不過，危機的發生象徵著改變的到來，今天全人類正在面臨的，是一個正在改變中，全新的世界。

美國獨強了半個世紀、歐洲分合了五十年，金融海嘯、債務風暴的洗禮，世界的中心正在悄悄地轉變。改變的催化劑不是槍砲彈藥，而是貨幣鈔票；強權的產生起因於武力，沒落卻可能是因為其背後沉重的金融負債。

中國崛起於製造業，然而成為強國的關鍵取決於金融力量的壯大，大國之路才正要開始。金磚四國打響了名號，其他勵精圖治的國家正躍躍欲試，希望成為下一塊金磚。

新世界版圖已呼之欲出，你準備好了嗎？

5

美國 債務難解，強國不再

即使是一個智慧的地獄，
也比一個愚昧的天堂好些。

——雨果

2011 年夏天，全世界金融市場發生了一件大事。

「夏天？發生什麼事？我只記得那時候股票跌翻了，好不容易賺點錢，幾天之內全吐回去，還倒賠。」

2011 年 8 月 5 日，標準普爾（Standard & Poor）[1] 把美國的債信評等調降了。

「喔，這是什麼意思？」

這表示美國不再是信用最好的國家。

「那又會怎麼樣？」

那表示美國有可能會欠債不還錢。

「不會吧！美國吔！」

「不會吧！美國吔！」一直是我們對美國產生疑問的第一個反應，也隱含了長期對美國這個超級大國的極度信任。

---

1 標準普爾（Standard & Poor's）是著名金融分析機構，提供投資者債券的信用評級和金融分析研究，並編製股價指數。著名的標準普爾 500 指數（Standard & Poor 500 Index）即由該機構編製，代表美國前 500 大企業的股價指數。2011 年 8 月 5 日，由於美國政府並未大幅削減預算赤字，標準普爾首次將美國的國債信用評等從最高的 AAA 等級調降至次一等的 AA+，引發一連串金融動盪。

美國世界獨強的地位不僅來自於布局全球的政治軍事力量、最具深度的消費市場，還有金融體系給予的「超級待遇」：

1. 美元是全球貨幣，貿易及商品往來基本上都以美元計價。
2. 美國股票市場是全世界市值最大、流動性最高的市場[2]。
3. 美國的公債長期以來享有「無違約風險」的地位，長期被市場認定為絕對不倒帳，財務金融課程中常常提到的「無風險資產」，往往就是指美國的公債。

「什麼是無風險資產？」

在金融市場中，任何風險都可以被估計和衡量的，利率是相當有效的呈現的方式。投資人願意多承擔一些風險，利率就會提高一些作為補償。因為市場認為美國公債是不會倒帳的，它的利率就沒有「違約」這個風險，只有物價、時間等一些基本因素。好比物價上漲了，利率就可能高一些；十年期的債券會比一年期的利率高一些，因為它必須多持有九年，時間也是有價值的。

在債券市場中，利率和風險是並存的概念，有多高的風險，市場就會給予一個適當的利率作為報酬。不過這一切必須要有一個原始的比較基礎，也就是先要有一個無風險資產的存在，其他有風險的債券才有相對衡量的依據。而美國公債長期就享有這樣的比較基礎地位。

「還不大懂，你舉個例來說好嗎？」

2 股票市場的市值（Market Capitalization），簡單來講就是公司的股票在股票市場當中的價值；流動性則是指包括股票、債券等有價證券買賣的交易便利性和價格可靠度。流動性越高的市場買賣越方便、價格越能反應真實價值。

表 5-1　十年期公債殖利率表

國 家	十年期公債值利率（％）	利差（與美國的利息差距，％）
美國	1.587	—
巴西	2.468	0.881
義大利	4.559	2.972
西班牙	5.439	3.852
希臘	14.374	12.787
德國	1.294	-0.293

資料來源：彭博資訊，2012 年 12 月 6 日盤中市場報價

　　我們擷取 2012 年 12 月上旬部分國家十年期公債的殖利率（Yield）[3] 來看好了。表 5-1 中，美國十年期公債的殖利率是 1.587%，表示這時買進美國十年期公債並一直持有到最後一天，平均每年報酬率是 1.587%。不過同時間若買進巴西十年期公債（同樣持有到最後一天），平均每年報酬率是 2.468%，每年多了 0.881% 的利差。在相同的十年期間下，市場不會平白無故給巴西公債投資人比較好的報酬，當中主要原因是巴西公債被認為「比較有可能」會違約，買進這個「比較有可能」的風險，未來十年間每年可以多領 0.881%，代價就是可能拿不回本錢的機率提高了。如果拿西班牙、義大利和希臘來看，和美國的利差就更大了，尤其是希臘，經過債務危機後，投資希臘的十年期公債，每年可以比投資美國多拿 12.787% 的利息 [4]！但是它違約的可能性卻相當高，這每年多出來 12.787%，可能會看得到吃不到。

3 殖利率（Yield）：投資債券並持有至到期的實際報酬率。和債券本身定期付息的利率不同，殖利率考慮到買進債券的價格，在定期支付相同的利息下，買進價格越便宜代表成本越低，殖利率也就越高。

4 此處主要是在簡單解釋違約風險和無風險的報酬差異，實際上殖利率利差中還包含其他因素。例如交易便利性（流動性）、匯率、當地物價水準等等。

「這樣好像懂了。」

你有沒有注意到最下方德國的殖利率才 1.294%，比美國還低？

「對吔，那代表什麼意思？」

代表市場認為，德國要違約的機率比美國更低。實際上，經過 2011 年 8 月，德國還維持最高的評等，美國的信用評等卻被調降了。

債台高築

「那為什麼美國會被調降信用評等呢？」

問的好。我這麼說好了，如果把美國比喻成一家公司，信用評等被調降，代表這家公司的財務狀況變差了。事實上，「美國」這家公司過去幾年的營業狀況都是入不敷出，靠舉債度過難關；它的債務因此不斷在擴大，而且看樣子還會繼續擴大下去。沒有一家公司能夠永遠靠借債來維持，投資人開始對它未來的經營績效和還款能力產生懷疑。

「我聽說過，美國已經是債台高築了」。

是的，一般對美國目前財政狀況的印象就是債台高築，大致是指二個方面：

1. 聯邦政府赤字快速增加。
2. 聯邦政府的公共債務不斷累積。

美國政府的財政曾經度過一段美好的時光，在 2000 年前後出現連續四年的盈餘（見**圖 5-1**），這也是美國過去半世紀唯一出現盈餘的時期。2000 年以後歷經科技泡沫、伊拉克戰爭，財政再度回到赤字，2008 年的金融海嘯，美國政府大幅舉債紓困銀行業、汽車業、房地產業；救助失業人口、擴大減稅，挽救了短時間的經濟，沒有釀成更大的風暴，但卻讓政府陷入沉重的赤字深淵。

2009 年至今，美國政府預算赤字年年超過 1.2 兆美元，相當於國內生產總值（GDP）的 8%，一度達到 10%。這是相當恐怖的擴張，代表每年政府入不敷出的程度，相當於全國

圖 5-1　美國聯邦政府年度預算赤字　（負值代表預算盈餘）

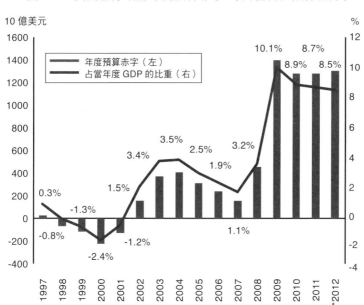

註：2012 年的資料由財政年度 2013 預算報告所預估
資料來源：白宮管理及預算辦公室，http://www.usgovernmentspending.com

十分之一的生產總值！台灣中央政府總預算赤字約占 GDP 的
3% 左右[5]，近年來已為人詬病，相比之下情況還不算太差。

　　每年赤字，相當於一家公司每年都虧錢，為了維持營運，
補救的方式之一就是借錢。於是在財務報表上就看得到債務
的增加。美國政府公共債務近十幾年來大多維持在 6 兆至 8
兆美元之間，占 GDP 的六成左右，直到 2009 年擴大紓困加
上各項救助，使負債一舉突破 10 兆，從此再也不回頭。即使
美國政府頻頻聲稱要縮減預算，削減開支，2013 年預算的債
務餘額還是持續增加[6]。

　　根據哈佛大學經濟學教授羅格夫（Kenneth Rogoff）和
馬里蘭大學經濟學教授萊茵哈特（Carmen M. Reinhart）的
研究，當一國的公共債務超過 GDP 的 90% 時，對經濟成長
就會出現明顯的負面影響[7]。美國公共債務在 2010 年開始跨
入 90% 門檻，而且一年比一年高，這對於未來的經濟成長和
政府宣稱的赤字削減絕對不是好事。

　　「最近常聽到什麼財政懸崖，就是跟美國債務問題有關
囉？」

　　是的。為了不讓美國債務問題持續惡化，美國共和、民
主二黨也在進行所謂的削減赤字計劃，方法不外乎是開源和
節流。開源部分，小布希總統時代全面減稅計劃在 2012 年底

5 根據我國財政部資料，中央政府總預算連同特別預算赤字占 GDP 比率，從
　98 年度金融海嘯之高峰 3.5%，逐漸下降至 99 年度之 3.0%、100 年度之
　2.5%，及 101 年度預估之 1.6%。
6 根據 2012 年白宮年度的預算報告書，規劃十年後的 2022 年，年度預算赤
　字要從目前的 1.3 兆美元降到 7000 億。不過這是基於年經濟成長率平均
　3.2%、失業率在 6.3%、個人所得稅增加 1.5 倍、企業所得稅增加 3 倍的假
　設前提下。一般認為這樣的假設過於樂觀。
7 詳見二人合著《這次不一樣：金融風暴是可以預測的？》，大牌出版社，
　2010 年 9 月。

到期，稅率回復到原有水準將使聯邦政府稅收增加；節流部
分，國防支出、機關預算、社福開銷都面臨檢討，可以使費
用降低。開源和節流會使得聯邦政府赤字將會逐年降低，但
如此一來政府減赤就少了投資、人民增稅就少了消費，對經
濟成長又會是負面的衝擊。因此，財政懸崖簡單來說就是經
濟成長和政府債務之間的拉据。

「看來美國債務問題的確挺嚴重的。」

我剛剛說過，這只是一般對美國目前財政狀況的印象。

「你的意思是？」

實際情況恐怕比這個要糟糕得多。

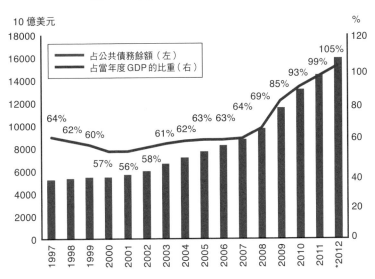

圖 5-2　美國政府公共債務累計數額

註：2012 年的資料由財政年度 2013 預算報告所預估
資料來源：白宮管理及預算辦公室，http://www.usgovernmentspending.com

美國有大麻煩了

要了解美國的麻煩有多大之前，我們得先花得時間分析一下美國聯邦政府收入和支出的結構，這對我們下面理解美國所面臨到的問題有很大的幫助。

根據白宮管理及預算辦公室的資料，2011 年聯邦政府的總收入為 2.3 兆美元，總支出 3.6 兆美元，赤字 1.3 兆美元。如圖 5-3：

圖 5-3　美國聯邦政府 2011 年收支狀況

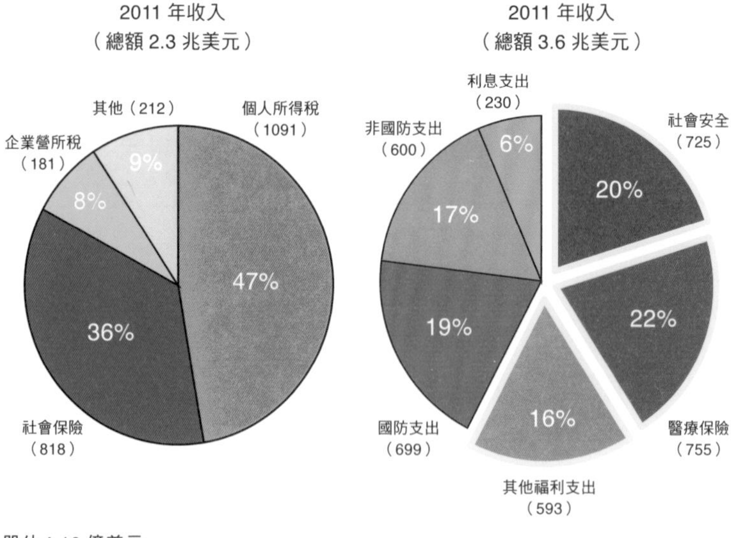

2011 年收入
（總額 2.3 兆美元）

2011 年收入
（總額 3.6 兆美元）

其他（212）
個人所得稅
（1091）
企業營所稅
（181）
9%
8%
47%
36%
社會保險
（818）

利息支出
（230）
非國防支出
（600）
6%
社會安全
（725）
17%
20%
19%
22%
16%
國防支出
（699）
其他福利支出
（593）
醫療保險
（755）

單位：10 億美元
資料來源：白宮管理及預算辦公室，2013 年預算報告書

除了高不可攀的赤字之外，我們從圖 5-3 右邊，聯邦政府支出的結構中赫然發現：在 3.6 兆美元的支出當中，只有

36%，約1.3兆用於政府運作的開支，包括國防及非國防項目，其他都是社會福利計劃（Entitlement Program）及債務利息支出。換句話說，**如果沒有舉借 1.3 兆的赤字，美國政府收到的所有收入，將全數奉獻給未來沒有報酬回收的福利項目及利息費用，政府將完全無法運作。**將近三分之二的預算花在這些項目上，不禁讓我們懷疑美國未來的成長性在何處 [8]？

「社會福利的問題在哪？」

這些政府主持的福利計劃，是民眾定期從所得中扣除一定比例當作保費，以供未來所需時支應，當初設計時可謂美國政府照顧民眾退休、醫療、就業的良政。

然而這些福利計劃，也稱為強制支出（Mandatory Expenditure），意思是政府須承擔最終支付的責任。**實際上這些社會福利計劃，已經出現收入低於支出的現象**，以 2011 年社會福利的收支狀況來看，不到 8200 億美元的收入，卻要支應超過 2 兆的各項給付（見**圖 5-4**）。於是美國政府只有靠著舉債來支應。我們所擔憂的，是這種現象在可見的未來，沒有改善的跡象，只有更加惡化。**這些未來才會發生的隱藏債務，將會快速累積在政府公共債務的數字上。**除非這個國家有點石成金的能力，否則這種狀況能夠支撐多久？

「好像真的很糟糕，可是，為什麼會變成這個樣子？」

要了解造成如此局面的原因，我們得簡單說明一下美國三大社會福利體系：社會安全保險、醫療保險、失業保險。

---

8 嚴格說來，「其他福利支出」項下，有一部分是投資項目的支出，稱為 ARRA（America Recovery and Reinvestment Act，經濟復甦與再投資法案）。2009 年 2 月國會立法，在未來十年間投資 8500 億美元於基礎建設、教育、醫療、能源、低收入救濟等，每年平均 850 億預算，不過比重有限。這個項目最大的支出是失業保險、2008 年因應金融海嘯產生的收購二房（房利美、房地美）以及問題資產救援計劃（Troubled Asset Relief Program, TARP）的開支。

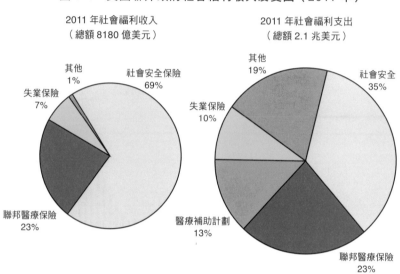

圖 5-4　美國聯邦政府社會福利收入及支出（2011 年）

資料來源：白宮管理及預算辦公室，2013 年預算報告書

社會安全保險

　　是 1935 年美國《社會安全法案》（Social Security Act）中重要的社會福利政策，提供美國勞工退休金及失能保險，絕大多數的受薪勞工均有加入。勞工退休後大多無工作所得，這項保險可以提供長時間、穩定的現金流入，維持退休後的基本開支。方式是勞工從薪資所得中扣除一定數額，作為未來領取的退休金準備，或是面臨職業災害、失能等職業低潮時的補助。**圖 5-5** 的狀況可以看出，社會安全保險從 1960 年代經濟快速成長以來大多維持收支平衡的狀況，只有在 1975 至 1980

年間因石油危機出現一段時期的赤字，1990年代以後開始連續出現盈餘。不過，2008年開始，社會安全保險的財務開始出現了少見的缺口。

圖5-5　美國社會安全保險營業利益

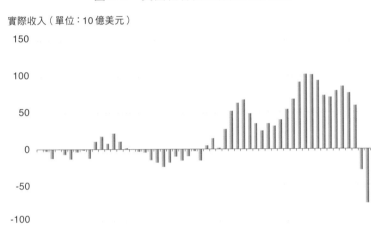

實際收入（單位：10億美元）

註：營業利益是由收入減去支出
資料來源：美國社會安全局，www.kpcb.com

　　「為什麼？」
　　簡單來說就是收入突然低於支出，而且低非常多。部分原因是2008年金融海嘯，美國多了6%、約800萬失業人口，保險收入就少了這6%的薪資扣除。另一個間接的原因是：嬰兒潮世代在這個時候開始變成了退休潮，大量人口退休導致

退休給付增加，這在本書的第四章已經討論過了。人口結構的改變使得社會安全保險可能開始面臨入不敷出的循環。根據白宮管理及預算辦公室的估計，即使在比較樂觀的經濟成長預估下，社會安全保險將面臨長期赤字的困境[9]。

醫療保險

是美國在 1965 年立法實施的醫療保險計劃。不像我們的健保對象是全國民眾，美國的醫療保險主要有低收入戶為主的聯邦醫療輔助計劃（Medicaid），以及針對 65 歲以上老人、身心障礙者的聯邦醫療保險（Medicare），一般民眾的醫療保險主要是依靠私人的保險公司體系[10]。

1. 聯邦醫療輔助計劃：針對低收入戶或其他特殊情況族群的醫療補助。由於照顧弱勢，因此並不要求繳交保險費用，而是由聯邦政府與州政府依比例編列預算負擔。這原本是一項立意良善的制度，但由於醫療成本不斷提高，每人每年平均的醫療支出，從 1965 年成立時的 1200 美元，2009 年成長 4 倍達到 4800 美元。不僅如此，保險人口從不到 500 萬人，增加 10 倍將近 5000 萬人（見圖 5-6）。對聯邦及州政府來說都是越來越重的負擔。

2. 聯邦醫療保險：是針對 65 歲以上老人或 65 歲以下身障者在醫院、醫療、照護、處方藥等健康保險。經費

---

9 根據美國管理及預算辦公室的估計，2013 至 2022 年的十年間，即使預算赤字有所下降，社會安全保險部分仍會入不敷出。十年總收入估計為 9.15 兆美元，支出卻達 10.7 兆美元。

10 歐巴馬總統於 2010 年簽署醫療改革法案，推行類似全民健保的醫療制度，財務上的成效尚未得知，此處暫不作討論。

圖 5-6　美國聯邦醫療輔助計劃參與人數及平均給付

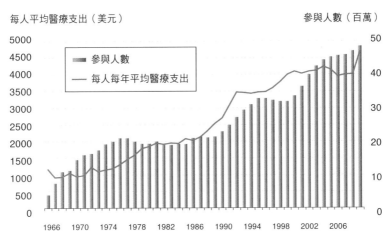

資料來源：美國衛生與公共福利部，www.kpcb.com

圖 5-7　美國聯邦醫療保險長期收支狀況

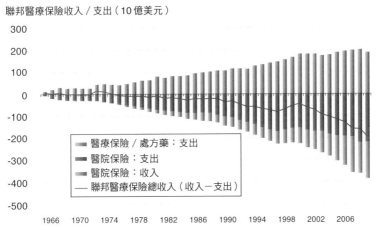

註：醫院保險設有專用基金，醫療和處方藥保險則沒有設置
資料來源：美國衛生與公共福利部，www.kpcb.com

來源一部分是受薪人的薪資當中扣除一定比例，其餘則是由投資收益及政府預算支應。從圖 5-7 可以看出，從制度設立開始就是賺少賠多（見圖 5-7 中紅線），1990 年起虧損開始擴大，2000 年以後虧損持續加速。隨著老年人口的增加，醫療支出有增無減。截至 2011 年，Medicare 的累積虧損已經超過 2 兆美元。

失業保險

是 1935 年美國社會安全法案另一項重要的政策。1930 年代經濟大蕭條造成失業人口暴增，收入中斷，生活維持出現問題，當時羅斯福總統因應時代的變局推出失業保險，針對非自願型失業提供一定期間的經濟援助。方式也是從勞工薪資中提撥一定比例，因此失業保險的收支狀況與失業率和當時的經濟榮枯有直接的關聯。經濟狀況佳，所得上升，就業人口多，失業人口少，收支會出現盈餘；反之經濟停滯甚至衰退，失業人口增加，給付大於收入，就容易出現赤字。

圖 5-8 當中的紅線描繪出長期失業保險收支隨著經濟循環起伏的現象。2008 年以前，失業保險收支大致維持一定範圍內的盈餘或赤字，情況還能控制。然而金融海嘯造成短期內龐大的失業人口，失業給付大增，2010 年超過 1500 億美元，失業保險面臨從未出現的巨額虧損。歐巴馬政府 2009 年提出的刺激方案中，在聯邦預算下另設延長失業給付的預算，避免失業保險虧損繼續擴大。不過在目前失業率仍在 8% 左右的狀況，失業保險的財務狀況仍然不樂觀。

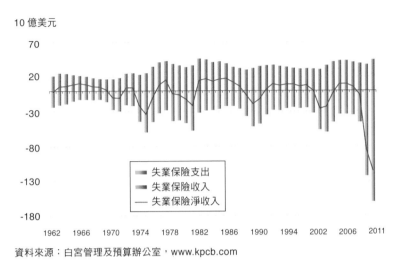

圖 5-8 美國失業保險長期收支狀況

10 億美元

資料來源：白宮管理及預算辦公室，www.kpcb.com

　　三大社會福利體系在過去近一個世紀支撐美國成為福利
國家。但是這個對於個人來說良好的的保障制度，卻逐漸成
為國家長久無法擺脫的負擔。關鍵是政府的收入在這些福利
制度下，已經遠低於實際的支出，而且差距有逐年膨脹的趨
勢。我認為，**美國的國力，會被這種無窮盡的債務拖垮**。

債務負擔深不可測

　　「怎麼每一項都虧錢，那要誰來付？」
　　目前能想到的方式就是舉債再舉債，讓後代子孫想辦法。
　　「所以這裡每一項都會變成債？」

是的，變成債。

「那到底有多少債？」

這需要用估計才能得到，債務的計算除了已經發生的數字外，還要對未來的債務進行評估。未來的收入和支出無法預知，必須經由精算，中間有很多是假設的條件，才能得到一個推估的數字。不過無論是美國政府自己的預算，或是民間研究機構的估計，未來十年美國政府的赤字狀況都會繼續存在，換句話說，債務只會有增無減，差別只是速度的快慢而已。

我們以美國政府的官方數字來看（見**表5-2**）。在官方2013年的預算報告中，估計未來十年（2013-2022）的聯邦政府收支收況，十年各項收入總和估計達38.4兆美元，總支

表 5-2　美國聯邦政府 2013-2022 年預算總收入和支出分項估計值

兆美元	經常性支出	社會安全保險	聯邦醫療保險（Medicare）	聯邦輔助計劃（Medicaid）	失業保險及其他福利支出	其他	總計
收入	22.8(1)	9.2	2.8	--(3)	0.7	3.0	38.4
支出	12.9(2)	10.7	7.1	4.4	6.9(4)	5.0(5)	47.0
收入-支出	9.9	**-1.5**	**-4.3**	**-4.4**	**-6.2**	**-2.0**	**-8.6**

註：(1) 包括個人及企業所得稅；(2) 包括國防支出及一般事務性支出；(3) Medicaid 是政府補助低收入戶的醫療保險計劃，沒有收入來源；(4) 主要為失業給付、金融海嘯紓困計劃和景氣刺激方案；(5) 主要為利息支出

資料來源：白宮管理及預算辦公室

出卻高達 47 兆美元，換句話說，未來十年美國政府還得再舉債 8.6 兆美元才能支應各項開銷，相當於將目前美國債務數字再增加 60%！離譜的是，各項社會福利的虧損高達 16.4 兆美元，如果把這筆支出省略，聯邦政府其實是有盈餘的。**社會福利支出已經是美國財務的大黑洞，也成為未來美國政府長期難以解決的龐大負擔**[11]。

「聽起來越來越可怕。」

不用急，這算是樂觀的估計。

「什麼！這還算樂觀？」

是的，不要忘記，這些是官方的資料，是基於未來十年美國經濟平均成長 3.2%、失業率在 6.3% 的假設，而且歐巴馬政府所提出的醫療改革、金融改革、稅制改革都能如期上路的前提下所作的估計。一般民間研究機構可就沒那麼樂觀，他們多半認為，未來美國經濟成長每年很難超過 2.5%，高失業率更有可能成為常態，醫療改革、金融改革在種種壓力下更是難以落實。稅收及各項社會福利的收入可能被高估，同時支出可能被低估。

根據投資銀行瑞士信貸（Credit Suisse）的估計，未來十年美國每年預算赤字都會在 1.2 兆美元以上的水準，十年下來至少會再增加 12 兆美元的債務，和官方數字（8.6 兆）相比要再多出 3.6 兆美元，公共債務占 GDP 的比重將長期在 90 至 100% 之間[12]。你可以再回頭看**圖** 5-1 和**圖** 5-2，想像一下

11 本文所採用的預算數字，不包括 2012 年底共和及民主二黨針對財政懸崖所作出的預算評估和結論，例如聯邦醫療保險支出可能會面臨刪減，實際數字可能略有出入。但整體而言，美國社福體系仍是未來聯邦政府債務的最大來源，數字的出入不影響本文結論。

12 資料來自 "US Economic Digest: Portrait of the Federal Budget: Paint it Red", Credit Suisse, 2012 年 4 月 2 日。

已經節節高升的債務數字還要繼續十年會是什麼狀況。

「這……還有更悲觀的嗎？」

瑞士信貸仍然認為，這樣的估計仍然樂觀。

研究機構 KPCB（Kleiner Perkins Caufield & Byers）曾經發布一篇研究美國債務問題的報告，把美國政府看作一家公司，並且把這家公司的所有資產和負債拿來檢視並估算。根據這篇研究，美國的債務利息費用、公務人員和退伍軍人給付、各項社會福利支出居高不下，導致債務膨脹的狀況完全失控。這家公司的資產約有 2.9 兆美元，但各項負債估計卻高達 47.2 兆美元，公司已完全破產，淨值為負 44.3 兆美元 [13]！

「我頭都昏了。怎麼現在都是用兆來計算債務？ 1 兆美元有多少？」

我給你一個概念好了：把 100 萬美元堆成一疊，1 兆美元就是 100 萬疊，可以鋪滿 217 個足球場。

「那 44.3 兆美元呢？豈不是天文數字？」

相當於美國三年、台灣一百年的全國的總生產值 [14]。

欠債容易還債難

「這下好了，美國社會福利欠了那麼多債，幾代子孫恐怕都還不完。」

這還不包括金融海嘯期間，美國政府擔保二房（房利美、

---

13 "USA Inc.: A Basic Summary of America's financial Statements"，KPCB，2011 年 2 月。數字是 2010 年底估計值。這篇報告對美國財務問題進行全面總體檢，公布時在美國引起一陣討論，贊成者認為美國債務已經病入膏肓，反對者認為其估計的數字過於悲觀，太過膨脹美國的潛在負債。

14 以 2011 年美國 GDP 約為 14.5 兆美元，2010 年台灣 GDP 約 4300 億美元估計。

房地美）的債務和金融機構紓困可能造成的損失，大約 2 至 3 兆美元。

「那……怎麼辦？」

當然，事情已經嚴重到不能忽視的程度，不大可能坐視不管。解決的辦法說起來簡單：開源和節流。

「說起來簡單？」

對，說起來簡單，另一個角度就是做起來難。

目前社會福利的虧損狀況大到難以想像，而且還在不斷累積中，開源和節流是必然的手段。像是提高社會福利稅率以及減少各項福利給付，都是最直接的選項。但是現在美國經濟還在谷底掙扎，調高稅率、降低給付勢必引起極大的反彈。同時，這些政策都需要國會的立法，前面提到國會共和、民主二黨針對財政懸崖的談判，但實際上二黨各有算計，立法的時效和執行也備受考驗。可以這麼說，目前有改革的時效急迫性，但是沒有改革的環境。

「美國政府不是在努力改善赤字？」

是的，歐巴馬政府多次宣稱要改善財政赤字問題。我們不知道美國政府這次的計劃會不會成功，但是過去它的記錄可不大好。

2001 年，美國剛經歷過連續四年的預算盈餘，是半世紀以來美國財政最好的時期（見**圖 5-1**），當時的國會預算辦公室大張旗鼓，要擴大財政盈餘的規模，計劃從 2002 年到 2011 年的十年間，要累積 5.61 兆美元的盈餘。結果十年來聯

邦政府的總收入較預算減少 6.22 兆美元，總支出卻增加 5.63
兆美元，一減一增相差了 11.85 兆美元（6.22 ＋ 5.63 ＝
11.85）。換句話說，聯邦政府的財政不但沒有達到原先宣稱
的 5.61 兆 的 盈 餘，反 而 出 現 6.24 兆 的 赤 字（5.61 －
11.85＝－6.24，見表 5-3）！

表 5-3　美國國會 2002 年預算計劃及實際執行比較

	兆美元
2001 估計十年預算	5.61
2002 至 2011 實際收入	-6.22
2002 至 2011 實際支出	5.63
2002 至 2011 實際影響數	-11.85
與 2001 年預算差異	-6.24

資料來源：美國會預算辦公室

　　當然，在 2001 年，不會預知會有伊拉克、阿富汗戰爭，
也不會知道有房市泡沫、金融海嘯、經濟衰退、企業紓困。
但是這些大環境的改變，對於社會福利這個大黑洞來說只是
間接的原因，最大的癥結還是在於社福本身未考慮自身收支，
漫無目的擴張，把虧損留給全民和後代子孫承擔。歐巴馬連
任後似乎下定決心要改善財政，可是面臨經濟困境、國會壓
力、遊說團體等多重變數下，他的理想能否實現，實在令人
不得不懷疑。

　　「可是美國經濟難道不會再復甦嗎？如果許多社會福利

的收支狀況與經濟發展有關，經濟一旦好轉，收入增加、支出減少，赤字問題不就可以改善？」

你問到了最關鍵的問題！經濟狀況的確可以讓這一切好轉。我們最後來看一看它會不會是解決美國龐大債務問題最根本的方式。

美國的經濟成長通常包含三大要素：**生產力的提高、就業的增加、工時的降低**。美國工作人數越來越多，同時每個人的生產效率也在提高，是屬於典型的聰明工作（work smart）[15]。除了民間企業龐大的活力及創新能力是主要的趨動力量之外，政府資源分配也扮演的重要的角色。

如果把政府預算的項目分為增加生產力的投資，如國防、教育、基礎建設、科技、研發等，以及降低生產力的投資，如社會福利、利息支出等，過去四十年二者比例上的消長可以明顯看出美國政府資源分配的差異（見**圖 5-9**）。

1970 年代美國政府將超過六成的預算投入提高生產力項目，某種程度造成後來二十年的經濟榮景；而 1990 年代末期，社會福利支出擴大，生產項目的比重降至五成、甚至四成以下，資源配置的結構受到破壞，龐大的政府資源投入在缺乏生產力的項目中。舉例來說，**圖 5-10** 描繪出過去半世紀美國政府（包括聯邦政府、州政府和地方政府）在教育和醫療支出的變化。過去五十年間，美國政府對教育的支出占國民生產總值（GDP）的比重，由 3.7% 上升至 6.0%，比重成長 62%；但是醫療保險的支出，卻從 1.2% 暴增到 8.2%，比重成長將近 6

---

15 根據 KPCB 的研究，1970 至 2009 的四十年間，美國平均的實質經濟成長率（扣除物價膨脹後）為 2.83%，其中生產力的提高占 1.53%，就業人口增加占 1.53%，工時的減少則是 -0.22%。工時減少但生產力提高，表示成長來自於效率的提升和腦力密集，而非靠低廉成本優勢的勞力密集。

圖 5-9 美國政府預算用途（以生產力的提高與否區分，1970 至 2009 年）

美國政府支出分配（％）

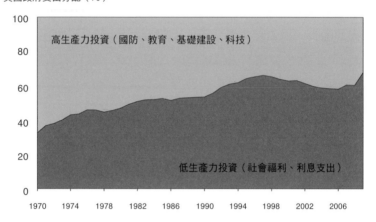

註：總支出排除了一次性的項目，像是為了問題資產救援計劃（TARP），經濟復甦與再投資法案（ARRA）等
資料來源：白宮管理及預算辦公室，KPCB

圖 5-10　美國政府教育及醫療支出占 GDP 比重變化

美國政府支出分配（％）

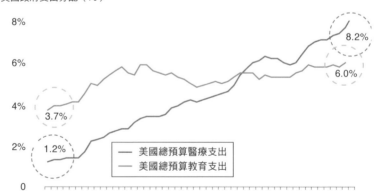

註：醫療支出包含聯邦醫療保險、聯邦醫療輔助計劃和其他計劃如勞工或退休軍人健康福利計劃等，教育支出則包含學前專業教育課程
資料來源：美國教育部、衛生與公共福利部

倍！當中的轉折在 1990 年代中期，醫療保險支出開始超越教育支出，從此再也沒有回頭。

政府資源配置改變的後果，就是投資於長期生產力的計劃受到壓抑，對生產力幫助不大的短期社會福利卻明顯受惠。2000 年以後，美國的累積經濟成長僅 52%，政府收入只增加 14%，但是支出卻暴增 1 倍（見**圖 5-11**）。

圖 5-11　美國政府收支及經濟成長比較

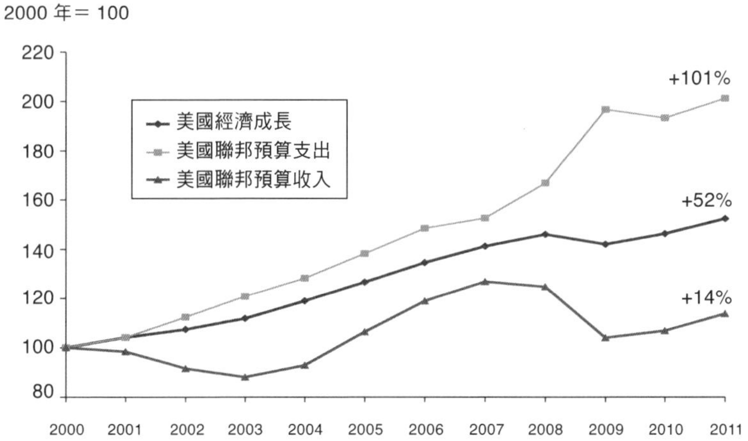

2000 年＝ 100

資料來源：聯邦經濟分析局，瑞士信貸

「所以呢？」

經濟如果復甦，對財政收支的改善當然有幫助。可是，如果資源仍然依照這樣的方式配置，入不敷出、負債累累、寅吃卯糧的現象不會獲得太大的改善，未來在某個未知的時

點，還是會引爆債務問題。

「所以美國不再強大了？」

美國還會是大國，但恐怕不會是強國。美國對世界的影響力正在式微，不用怪其他國家的威脅，原因其實是出在他們自己。

◄ 參考資料

1. Mary Meeker, "US Inc. ," KPCB, February 2011.
2. Jan Hatzius and team, "US Economics Analyst: When One Crisis Leads to Another," Goldman Sachs, January 8, 2011.
3. N. Gregory Mankiw, "It's 2026, and the Debt is Due," New York Times, March 26, 2011.
4. Ethan S. Harris and team, "Debt Ceiling Scenarios," Bank of America Merrill Lynch, July 27, 2011.
5. Joseph Zidle and team, "US Debt Ceiling Special Report," Bank of America Merrill Lynch, July 25, 2011.
6. Martin H. Barnes, "More Thoughts on the US Fiscal Outlook," BCA Special Report, August 9, 2011.
7. Neal Soss and Jay Feldman, "US Economics Digest-Portrait of the Federal Budget: Plaint it Red," Credit Suisse, April 2, 2012.
8. 萊茵哈特（Carmen M. Reinhart）、羅格夫（Kenneth Rogoff,），This Time Is Different: Eight Centuries of Financial Folly , 劉真如、陳旭華譯，這次不一樣：金融風暴是可以預測的？（台北：大牌出版社，2010）

6

歐洲 整合是唯一的路

> 真理屬於人類，謬誤屬於時代。 ——歌德
> 走自己的路，讓別人去說。 ——但丁

前面談完美國，現在來談談歐洲吧。

「你要談歐債危機嗎？那些歐豬國家真過份，欠了一堆債還不出來，還要別人來紓困，弄得大家都被拖下水。」

欠錢不還的確不應該，可是他們是故意欠那麼多錢嗎？

「就算不是故意的，也是因為貪心。」

所以德國很無辜囉？

「當然啦，為了維持歐元[1]，還要拿自己的錢去救那些貪心的國家，真的很倒霉。」

為什麼一定要救？

「要不然歐元就解體啦。」

這次你說對了，德國絕對不能讓歐元解體，所以一定會救。

歐元是人類歷史上最大規模的單一貨幣同盟[2]。二次世界大戰後的歐洲支離破碎，深知整合的力量遠大於分散，在德法的

---

1 歐元是歐盟十七個國家中共同使用的貨幣。1998 年 6 月，歐洲中央銀行成立；1999 年 1 月，歐元開始計價，正式進入國際金融市場，至於紙幣和硬幣於 2002 年 1 月才正式流通。

2 1958 年，正式成立歐洲經濟共同體和歐洲原子能共同體，旨在創造共同市場，取消會員國間的關稅，促進會員國間勞力、商品、資金、服務的自由流通。

主導下，二十世紀後半葉，陸續實現了經濟共同體（1958 年），消除了貿易壁壘，歐洲國家間的貿易不再有關稅的阻礙；簽訂《申根條約》（1990 年），消除了國界的壁壘，人員往來不再有限制[3]；1991 年，《馬斯垂克條約》（Treaty of Maastricht）簽訂，歐洲聯盟（簡稱歐盟）正式成形[4]，歐洲從經濟聯盟更進一步朝向金融、貨幣、外交、司法、內政等整合。歷經超過半個世紀的醞釀，歐盟已經是全球最具規模的區域性國際組織，整合程度遠超過其他地區的經濟合作組織及關稅聯盟。其中在貨幣上，歐元區成員國讓出**貨幣主權**及**利率決定權**，成立歐洲央行（European Central Bank, ECB），由歐洲央行發行流通全歐洲的共同貨幣「歐元」，於 2002 年 1 月 1 日正式啟用至今[5]。

「這是歐元的歷史，跟歐債有什麼關係？」

我們將用這段簡短的歷史說明二件事情：(1) **歐債問題的出現，跟歐元的成立脫不了關係**；(2) **歐元只是歐洲實現一體化的過程之一**。

德國占盡便宜

在討論歐債問題之前，我們得先知道歐元產生後的好處。

歐元的成立，代表區域內國家使用單一貨幣、單一利率。

3 1990 年 6 月，歐洲簽訂《申根條約》，消除過境關卡限制，使會員國間無國界，於 1993 年 1 月 1 日生效。但部分國家如英國、瑞士未加入。

4 當時歐盟首腦們簽署的是《歐洲聯盟條約》，因為地點在荷蘭的馬斯垂克，亦稱《馬斯垂克條約》。

5 歐盟國家中還是有許多未加入歐元的，如波蘭、捷克、匈牙利、拉脫維亞、羅馬尼亞、保加利亞等國，不過它們在加入歐盟體制時即簽訂接受歐元也是入盟協議的一部分，使用歐元只是時間早晚的問題；但也有一些國家經過公投決定不加入歐元，如英國、瑞典、丹麥，還保有自身的貨幣和獨立的利率政策。丹麥雖然公投決定不加入歐元，但以 1 歐元兌換 7.46038±2.25 丹麥克朗的方式盯住歐元。

歐洲各國之間原本就有相當緊密的貿易往來，各國有各自的貨幣和利率，所產生的匯率和利率差異，是屬於貿易成本的一部分；但這種匯率和利率波動造成的不確定性會直接影響貿易的穩定，就算避險也得花額外的成本。歐元的出現，等於消弭了這方面的不確定性，區域內的貿易完全不用承擔匯率和利率的風險。加上沒有關稅的負擔，歐元的確會提高區域國家間的往來意願，刺激貿易量成長。

表 6-1 描繪出歐元區在 1995 至 2011 的十七年間，在歐元成立前（1995-2002）及成立後（2003-2011），經濟成長和進出口成長率。在歐元正式成立以前，歐元區（以德國為代表）的對外貿易成長並不十分突出，甚至落後同期美國甚多；但 2003 年開始，歐元刺激區域內貿易的優勢逐漸顯現，不但進出口成長率明顯超出經濟成長率，對照同是歐盟但未加入歐元的英國相比，歐元國家無論在經濟成長、出口及進口的成長上都勝過英國；就算和經濟規模相當的美國相比也並不差[6]。

「所以歐元國家雨露均霑囉！英國可要後悔沒加入了。」

表 6-1　2003 至 2011 年平均經濟及進出口貿易成長

	平均經濟成長率		平均出口成長率		平均進口成長率	
	1995-2002	2003-2011	1995-2002	2003-2011	1995-2002	2003-2011
歐元區 17 國 *	0.4%	2.8%	1.9%	5.4%	1.5%	5.8%
英國	0.8%	0.5%	1.3%	3.1%	1.8%	2.7%
美國	3.2%	1.7%	4.5%	6.1%	8.3%	3.6%

註：* 1995-2002 歐元區資料以德國作代表
資料來源：歐盟統計局

6 此處是計算簡單平均，說明歐元的出現對區域內貿易的擴張起了正面作用。經濟成長、進出口的變化與許多因素都有關聯，歐元的成立可以說是因素之一，但並非唯一因素。

那也不盡然，英國恐怕更慶幸沒有加入。

「為什麼？」

因為整體的好，不代表個別都好。

表 6-2　歐元區內主要國家進出口成長（2003-2011）

2003-2011	出口	進口
歐元區 17 國	5.4%	5.8%
德國	6.5%	6.8%
法國	2.9%	5.0%
歐豬五國平均	4.9%	4.2%

註：歐豬五國指葡萄牙、義大利、愛爾蘭、希臘、西班牙
資料來源：歐盟統計局

表 6-2 將歐元區內主要國家的進出口成長作了比較。可以很輕易的發現，在歐元成立後的八年間，德國的進出口成長都高於歐元區平均至少 1%。德國是歐元區第一大經濟體，這等於是德國來拉動歐元區的貿易成長；第二大經濟體法國，以及近年來歐債危機的主角──歐豬五國的成長率都低於平均。這項結果充分顯示出：**歐元的成立，對成員國的貿易擴張並沒有等比例的幫助，而是有程度上的差異**，尤其德國是其中受惠最多的國家。

除了貿易擴張的速度不同之外，成員國貿易的順逆差也有差異。如果以淨出口（*出口減去進口*）來表示，淨出口若為正數，表示該國的出口大於進口，貿易是順差，有助於整體產出的增加；反之若為負數，表示該國的出口小於進口，貿易是逆差，對整體產出而言是減少的。

圖 6-1 顯示歐元區前四大經濟體（*德國、法國、義大利、*

西班牙）在 2001 至 2011 的十年間，淨出口占整體生產總值（以 GDP 表示）的比重。很明顯地，德國始終處於對外貿易順差的狀況，2002 年歐元正式流通，德國順差占 GDP 進一步上升至 2%，並且自此穩定在 1.8% 上下；但法國、義大利則在 2002 年以後逐漸由微幅順差轉為逆差，並且逐漸惡化；西班牙則是始終在逆差狀況，表示在貿易上，西班牙長期從別國買進來的東西要比自身賣出去的多。

「所以歐元成立，德國才是大贏家？」

圖 6-1　歐元區主要國家淨出口占經濟產值的比重

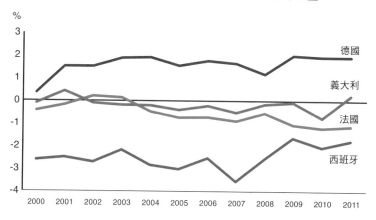

資料來源：歐盟統計局，彭博資訊

　　從貿易上來說是的。我們比較歐元成立前後德國的貿易表現，德國在歐元成立前後貿易對德國經濟的貢獻有明顯差異。圖 6-2 是 1990 年代德國累積經濟成長及淨出口貢獻，當時尚未有歐元出現，雖然經濟持續成長，但德國的對外貿易大多呈現逆差，對經濟成長貢獻是負值（灰色線）；但圖 6-3 則呈現截然不同的結果，歐元成立之後，德國的貿易順差明

顯出現，並且成為經濟成長的主要貢獻元素。

　　歐元成立的目的之一，就是以單一貨幣減少貿易障礙，擴大貿易規模。從這個角度來看，歐元成立後，德國除了貿易量增加之外，也的確從貿易當中賺了不少錢。說德國是歐元的贏家並不為過。

圖 6-2　歐元成立前德國經濟成長與貿易貢獻

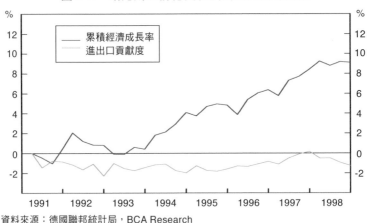

資料來源：德國聯邦統計局，BCA Research

圖 6-3　歐元成立後德國經濟成長與貿易貢獻

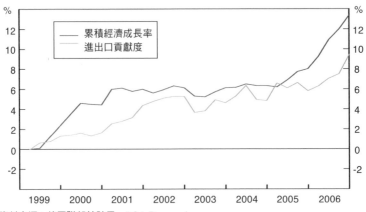

資料來源：德國聯邦統計局，BCA Research

萬家烤肉一家香

你應該要有問題了。

「是啊，我總覺得有點怪怪的。同樣是歐元區，為什麼德國特別賺錢？其他國家都賠錢？」

你開始接近核心問題了！整個歐盟區內的貿易確實因為歐元的出現而擴大，而**德國貿易的擴張和順差，來自歐盟區內國家的貢獻相當顯著**[7]。圖6-4中黑色線是德國貿易淨出口總值，從 2001 年至今均為順差，當中來自歐盟區內的貿易順差（紫色柱）始終占有相當高的比重，並且隨著順差的擴大而增加，占總貿易順差的三分之二左右。直到 2009 年，因為金融海嘯加上歐債問題爆發，歐盟區內的貿易減少，比重才有所改變。

圖 6-4 德國貿易順差來自歐盟區內外比較

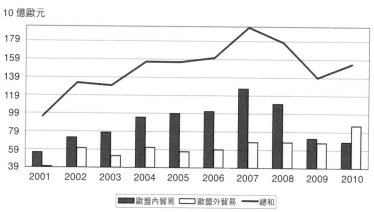

資料來源：歐盟統計局年報（2011）

---

7 此處採用歐盟統計局資料，比較歐盟區域內和區域外的貿易。由於歐盟統計局資料較為完整，且歐盟區內主要國家大多使用歐元（英國除外），可藉為討論歐元的代表。

　　我們再看看同為歐元區內的其他主要國家同時期的貿易表現，以法國、西班牙和義大利為例（見圖 6-5），三個國家對歐盟區域外的貿易並不完全一致，但對歐盟區內的貿易大

圖 6-5　法國、西班牙、義大利貿易來自歐盟區內外比較

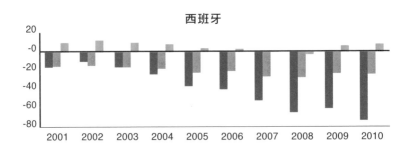

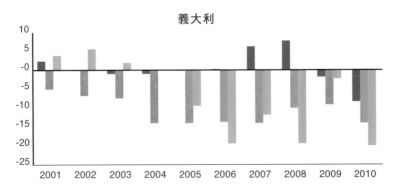

註：單位均為 10 億歐元
資料來源：歐盟統計局年報（2011）。

多數為逆差，更重要的是，三個國家對德國的貿易均出現大幅逆差。換句話說，**過去十年間，法國、西班牙和義大利本身沒有產出足夠的商品及服務，而是從德國進口，錢由德國人賺走了。**

德國、法國、西班牙、義大利是歐元區前四大經濟體，它們之間的貿易都是由歐元計算，匯率的升值和貶值對貿易的競爭力來說沒有影響。造成這樣貿易上「萬家烤肉一家香」的結果，主要的原因是德國以外的國家，經濟活動的重心並沒有放在傳統貿易上。

「那他們都做什麼了？」

看看圖 6-6，你就會有點概念。

「民間債務增加，不就是大量借錢？」

沒錯。法國民間債務占 GDP 的比重，在過去十年間成長 50%，義大利和西班牙更是成長 2 倍。尤其是西班牙，民間債務占 GDP 的比重已經超過 200%，和已經爆發金融危機的葡萄牙比重相當。

借錢的另一個比較好聽的名稱叫做**信用擴張**，但不論名稱是什麼，自 2000 年開始，歐洲許多國家的民間借款開始出現快速的成長。這些錢的去處很容易想像，可以是企業借款投資、也可以是消費信用貸款，或者是用來投資房地產。目前西班牙、葡萄牙的債務危機，**很大一部分是來自民間房地產泡沫的破滅所造成的。**

「你看，還不是因為貪心。」

圖 6-6　法國、義大利、西班牙民間債務占 GDP 的比重

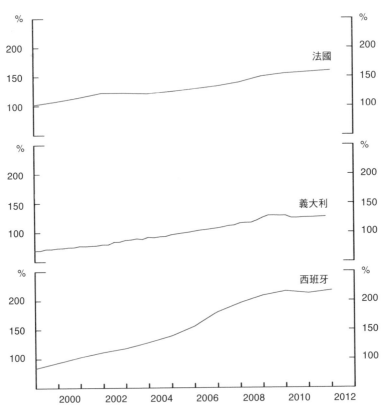

資料來源：Thomson Reuters, BCA Research

　　你當然可以這麼說。但是你有沒有想過，如果沒有讓人貪心的環境，人們想要貪心也很難。

環境造就行為

「什麼是讓人貪心的環境？」

歐元的一體化除了在貨幣外，利率也由歐洲央行統一制定。換句話說，**只要加入歐元，就適用同一個利率水準**，這本來就是單一貨幣市場的必然現象。單一利率的環境不但可以穩定金融市場價格，也可以避免國家間的套利行為[8]。看看**圖 6-7**，歐元成立前各國有各自的利率環境，但是在歐元成立後就趨於一致，而且是相當的一致！直到 2008 年金融海嘯後，歐債問題爆發，利率水準才出現分歧。

「這樣有什麼問題嗎？」

如果是單一國家這些都不是問題，在一個區域聯盟型式就可能存在缺陷。我們回頭看看**圖 6-7**，你會很輕易地看出來，在歐元成立後，各國的利率除了沒有差異之外，更大的特徵是**朝向德國的利率水準靠攏**。德國是歐元區最重要的國家，歐元的成立也是在德國意志下的產物，一切以德國為標準原本也不是壞事。不過歐元區只統一了貨幣和利率，然而各國的經濟狀況、信用條件、物價水準還是有所差異，並不會因為進入了歐元區就全面「德國化」。以物價水準來說，歐元成立前後各國的物價指數變化仍然相當分歧（見**圖 6-8**）。

2006 年以前，德國的物價水準大致保持在 2% 以下，物價相當穩定，以此為師，歐元區的利率也保持在 2 至 4% 之間

---

8 套利行為，是指藉由不同市場間的價格差異，針對相同或類似商品進行買低賣高，賺取幾乎沒有風險的價差。在本例中，想像一下如果在德國的歐元利率是 2%，而義大利的歐元利率是 4%。同樣是歐元，但不同國家有不同的利率，會引起許多人到德國用 2% 的利率借歐元，再拿到義大利去存款，不考慮中間的轉換成本，就可以賺 2% 的利差。

圖 6-7　歐元成立前後歐元區主要國家利率水準

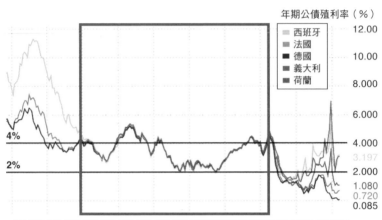

資料來源：彭博資訊

圖 6-8　歐元成立前後歐元區主要國家物價年增變化

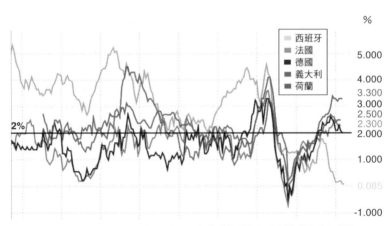

資料來源：彭博資訊

（見**圖6-7**）。不過其他國家動輒3%、4%以上的物價膨脹率，「德國化」的利率水準明顯是不適用的，然而他們還是照用了。因此在德國以外的歐元區國家，或多或少都出現了「**負實質利率**」現象。

「什麼是負實質利率？」

我們一般所看到的利率，是我們表面上收到或支付的利息，但是這個利息並不代表真正的利率水準，其中有一部分是物價膨脹率，**把物價膨脹率扣除後才是真正的利率水準**。好比我們存100元到銀行，年利率2%，但是物價膨脹率是1.5%，表示2%的利息中有1.5%被物價「吃掉」，因此一年後表面上雖然拿回2%的利息，但真正拿到的只有2%－1.5%=0.5%。這個0.5%就是所謂的「實質利率」。

「**那負實質利率是說物價膨脹率高於利率？**」

完全正確！如果物價高漲，但存款利率不漲，存款不但賺不到真正的利息，反而會倒貼。在上面的例子中，如果物價膨脹率不是1.5%而是3%，實質利率變成2%－3%=-1%，雖然一年後存摺上的本息還是有102元（100+100×2%），但事實上這102元扣除物價膨脹因素後只剩下99元的購買力（102－3=99）[9]，存款變成了一件不聰明的行為。

「所以……？」

所以要多借錢才划得來。

「多借錢？」

---

9 這是一種簡單的算法，目的在說明負實質利率的觀念，實際計算要採用複利的方式比較精確。

　　把上面的例子從存款變為借款，就會變得很清楚。如果我們向銀行借 100 元，利率 2%，但物價膨脹率 3%，同樣的，一年後我們名義上仍還本息 102 元，但心知肚明，扣掉物價後這 102 元的本息其實只有 99 元的價值。這種「越還越少」的借錢好康到那裡去找！因此，**負實質利率的一個後遺症就是大家會搶著借錢**，這也是歐元在 2000 至 2006 年間所發生的事。當時除了德國之外，包括法國、西班牙、義大利、荷蘭等歐元大國，實質利率很長一段時間都曾經是、或是很接近負值，或是接近零的水準。其中西班牙負實質利率的期間最長，我們也看到它所引發的大量民間借貸，最後造成最嚴重的房地產泡沫化（見**圖 6-9**）。

圖 6-9　歐元成立前後歐元區主要國家實質利率變化

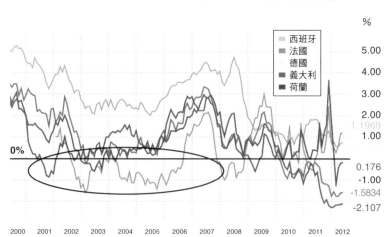

資料來源：彭博資訊

「可是沒有方法解決負實質利率的問題嗎？」

一般國家面臨負實質利率的作法，就是調高利率水準，讓實質利率回到正值，讓借錢的人有實質成本，存款的人有實質利息。可是歐元區基本上已經「德國化」，德國的物價水準一直處於低檔，**圖 6-9** 中也顯示德國實質利率一直維持在正數，比其他歐元區國家要高得多，更沒有必要調升。只是這麼一來，無法阻止其他高物價國家利用這個負實質利率環境的借錢行為。這些錢借出來後，好一點的投入公共建設，但更多是像西班牙、愛爾蘭、葡萄牙等國家，投入大量資金在房地產，用便宜的資金把房價炒高，賺取暴利，金融海嘯後房地產泡沫破滅，銀行的房屋貸款無法收回，形成呆帳，政府於是大量舉債出手相救，將民間的債務問題轉變成國家主權債的問題。

「這也就是我們看到的歐債問題？」

可以這麼說，不管各國的債務問題形成的原因為何，可能是炒房地產，可能是政府帶頭舉債作假帳，但背後的原因，與負實質利率造成的引誘都有很高的相關性。而這個結果，與歐元成立之初，一切以德國為師的準則也脫不了關係。

「所以德國沒什麼好怨的？」

我認為是的。**歐元是德國意志下的產物，德國也從歐元身上得到太多貿易上的好處。世界是公平的，既然歐元區是一家人，不可能都是你享好處，別人吃虧。現在歐元出問題了，德國就得出來救。**

「那德國可以不要救啊！」

不會的，德國一定會救。

「為什麼？」

因為那關係到德國長久的目標，它的夢想。

利用危機變轉機

前面說過，歐盟是目前全球最具規模、整合程度也最高的區域性國際組織。如果把歐盟架構攤開來看，你會發現歐盟涵蓋的範圍其實已經近乎一個正常國家，包括社會、經濟、教育、醫療、治安、司法、外交，具有準聯邦（或邦聯）國家的雛型。而歐元，只是整體歐盟架構下，歐洲共同體當中「經濟和貨幣聯盟」的一環（見圖 6-10）。

圖 6-10　歐盟架構簡圖

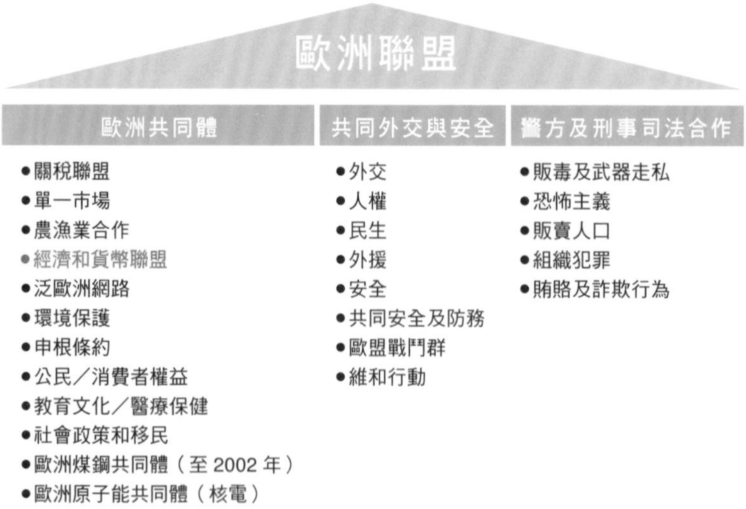

歐洲聯盟

歐洲共同體	共同外交與安全	警方及刑事司法合作
●關稅聯盟	●外交	●販毒及武器走私
●單一市場	●人權	●恐怖主義
●農漁業合作	●民生	●販賣人口
●經濟和貨幣聯盟	●外援	●組織犯罪
●泛歐洲網路	●安全	●賄賂及詐欺行為
●環境保護	●共同安全及防務	
●申根條約	●歐盟戰鬥群	
●公民／消費者權益	●維和行動	
●教育文化／醫療保健		
●社會政策和移民		
●歐洲煤鋼共同體（至 2002 年）		
●歐洲原子能共同體（核電）		

　　歐洲聯盟之所以能夠成立，與德國和法國的合作有絕對的關係。德法二國在過去三百多年間彼此交戰，曾經互相攻陷對方首都（柏林、巴黎），二十世紀二次的世界大戰彼此也是交戰國，歷史的恩怨和傷痕使得二國互相仇視。然而，在第二次世界大戰結束，冷戰開始，英美和蘇聯在歐洲大陸爭奪主導權，反而使得德、法二國自我意識的覺醒，當時二國的領導人清楚地了解，**唯有德法二國合作，才能排除英美蘇在歐洲大陸瓜分勢力範圍，確保歐洲的獨立自主** [10]。1958年歐洲共同體的成立，二國在經濟上開始合作，德國企業得以進入法國，同時法國的農業也可以出口至德國；1963年《法德友好合作條約》簽訂，二國在外交、國防及青年事務進行全面交流，最終目標是邦聯式的歐洲統合，這些都是日後歐洲聯盟成立的基礎。

　　在歐洲共同體的成立宗旨當中清楚表示，「……通過建立無內部邊界的空間，加強經濟、社會的協調發展和建立最終實行統一貨幣的經濟貨幣聯盟，促進成員國經濟和社會的均衡發展……」[11]。歐盟在法律層面上已建立了單一市場標準化的制度，所有會員國均適用，在貨物流通、貿易、資本流動、人民遷徙自由、消費權益、借貸保證人或抵押品等採取同一標準；產業政策如農漁業、煤鋼業、核能發展也有一致的發展策略；連部分的外交、司法、戰爭權都由歐盟理事會、歐洲理事會、歐洲議會及歐洲法院決定 [12]。歐盟成員國某種程度

10 當時二國的領袖分別為法國總統戴高樂，以及德國總理艾德諾。
11 詳見歐盟官方網站：http://europa.eu。
12 歐盟的發展其實是有歷史背景及民族特性，經過長時間的改變，成立目的也隨時間調整，受篇幅和本章主旨限制不多作詳細說明。本文的重點在於經過時間的歷煉，歐洲國家的步調是逐漸趨於一致的，中間或許有政治或經濟、軍事的事件阻礙進展，但整合的大方向始終沒變。

上已放棄了部分原屬於國內的主權，包括貨幣和利率，只為了進入整個體系，分享共同體系帶來的好處。

「好像有點明白了。」

我想你應該漸漸了解，**歐盟是一個統合歐洲的組織，歐元是其經濟和金融面的統合象徵，少了貨幣這一塊，歐盟形同瓦解大半**，這並不符合歐洲人的長遠利益，尤其是和世界強權分庭抗禮的地位。過去是美國和蘇聯，蘇聯瓦解後中國崛起，歐洲在這個時候絕對不可能因為自身債務的問題就放棄得來不易的同盟成果。

「德法二國合作的過程中，難道沒有阻礙嗎？」

德國和法國在過去半世紀的合作交流，建立了能夠和美、蘇、中鼎足而立的地位，在歷史上是極為獨特及罕見的。最大的特色是：**數十年來二國即使政權更替，人事更迭，政黨主張和意識型態各有不同，但在德法合作有利於歐洲統合的大前提下，這些分歧都是可以討論協調的。**在二國的合作過程中，意見分歧處處可見，法國善於國防與外交，德國善於經濟和財政，雙方在產業合作、歐盟投票席次、擴大紓困、對美國的態度上常常有不同的意見，例如當年歐洲中央銀行成立與否，設立地點與行長人選，二國就有不同看法；1995年德國提出控管各國財政的《穩定公約》，法國也予以反對。但是這些分歧並不影響大前提的改變。尤其是因應雙方歧見的化解，二國領導人已建立長期、有效、直接的互訪機制，第一時間解決歧見。例如早年的法國總統戴高樂（Charles

Andre Joseph Marie de Gaulle, 1890-1970）和德國總理艾德諾（Konrad Adenauer, 1876-1967）、中期的密特朗（Francois Mitterrand, 1916-1996）和科爾（Helmut Kohl, 1930-）、到近幾年的沙克奇（Nicolas Sarkozy, 1955-）和梅克爾（Angela Dorothea Merkel, 1954-）[13]。你知道嗎？法國前總統薩克奇在 2007 年 5 月就職後數小時，就立刻飛到德國去訪問；2012 年 5 月法國政權變天，新任總統歐蘭德（Francois Hollande, 1954-）雖然宣稱不贊同德國的撙節開支政策，但當選後也立即和德國總理會面，以行動向德國保證，雖然在政策主張上有些許不同，二國的合作和交流的基礎沒有改變。

「所以德國一定會出面救歐債？」

讓我們回到歐債問題本身。這次歐洲各國發生問題的原因不盡相同，但有一項結果是一樣的，就是絕大多數歐元區國家政府舉債都超過了當時所設定的上限，也就是年度政府預算赤字占 GDP 的 3%，公共債務餘額占 GDP 的 60%，連德國自己都做不到！在經濟成長，天下太平時期大家都不在意，到了金融海嘯襲擊，各國進行紓困，才發現早已是沉痾，連信用評級都保不住。

你注意看這三年歐洲國家處理歐債的方式：當希臘、愛爾蘭、葡萄牙接連出現危機時，所採取的手段是紓困，先用短期策略阻止危機的蔓延，成立了不具法源基礎的歐洲金融穩定機制（European Financial Stability Mechanism, EFSM）以及歐洲金融穩定基金（European Financial Stability Facility,

---

13 詳見胡為真，「歐盟的推手：從世仇到密友的德、法關係初探」，2011 年 11 月。

EFSF）。設立之初規模為 7500 億歐元，資金來源是歐元區國家（59%）、歐盟委員會（8%），以及國際貨幣基金 IMF（33%）。這筆資金就是 2010 年至 2012 年三年間深陷債務危機國家主要的紓困金來源。

「所以我們在報紙、電視上看到希臘、愛爾蘭、葡萄牙接受紓困啦、希臘什麼要公民投票啦、西班牙義大利公債標售啦，都跟這個有關？」

沒錯。EFSM 和 EFSF 主導了危機之初歐盟的態度和行為，但請注意這是短期的、臨時的，沒有法律依據的。在設立之初就言明這二個組織在 2013 年 6 月結束，後來因應歐債問題擴大，決定提前在 2012 年 6 月結束。

「那結束後呢？」

重頭戲才要開始。

第一個改變：救援機制

2011 年 3 月的歐盟高峰會，歐盟領袖針對一項永久性的歐洲穩定機制（European Stability Macheism, ESM）達成共識，這個機制也提供了一筆資金，有 7000 億歐元，其中 800 億為實繳資本，6200 億由歐元區會員國分期繳付。ESM 未來將取代原先的 EFSM 及 EFSF，成為解決歐元區國家金融和財政問題的資金來源 [14]。

「我聽過 ESM，但還是不太了解它有什麼用？」

14 依照 2012 年 2 月歐元區成員國的決議，因應歐債問題的擴大，原本擬定歐洲穩定機制將提前至 2012 年 7 月 1 日生效，多數國家均已批准歐洲穩定機制條約，德國國會也於 6 月 29 日通過。但部分反對黨提請憲法法院否決，憲法法院於 9 月 12 日判決 ESM 合法性成立，ESM 於 2012 年 10 月 8 日正式上路。

ESM 的出現，代表歐債危機的紓困不再有臨時機制，ESM 是經由各歐盟會員國國會簽署，具法律效力；或者經過公投通過，具有民意基礎。你可以想像這是一個擴大版的「中央存款保險」，各國出錢成立一個基金，當有國家出現問題時便用這筆錢來救援，以免擴及整個金融市場。

「那 ESM 和 EFSF 的差異在那裡？」

ESM 將永久存在於歐盟體系內，不像 EFSF 是個臨時機制，達到階段性目標就結束。此外，你注意到了沒有，ESM 的資本結構中，已經沒有國際貨幣基金（IMF）的影子。這代表歐元區要由歐盟層級的組織自己處理未來的債務問題，不要 IMF 的紓困模式處理金融危機。在過去拉丁美洲金融危機、亞洲金融風暴時，IMF 都扮演了重要的角色，在紓困受災國家的同時，也會要求該國接受極為嚴苛的條件，包括削減預算、出售國營事業等。這次 IMF 參與歐債危機的紓困行動中，希臘、葡萄牙也被要求如此，但是 ESM 的出現，等於宣告以後不會再有這樣的體制外救援，而回歸到體制內。IMF 基本上是歐洲主導的國際金融組織 [15]，在其他地區和國家實行的嚴苛條件，自然不會實行在歐洲自己身上。後來不管是歐洲央行對歐元區銀行業的擔保機制，或是德、法、義、西提出的1000 億歐元經濟擴張方案 [16]，都是同樣的邏輯，一切的救市和修補都是體制內決定。

15 國際貨幣基金過去 11 任總裁均為歐洲人，現任總裁為法國前財政部長拉加德（Christine Lagarde）。美國籍僅 2 位，而且只是臨時任命，作為新任總裁交接前代理，並不算正式任命，因此不包括在這 11 任中。

16 2012 年 6 月 30 日歐盟高峰會，各國領袖同意提出至少 1000 億歐元的經濟擴張措施，宣示不會一味追求撙節預算而犧牲經濟成長。

第二個改變：財政紀律

2011年12月，歐盟高峰會中各國元首就德國提出的《財政公約》架構達成共識，並於2012年3月的峰會中正式通過[17]。《財政公約》的特點有二：

1. 歐盟成員國將遵守平衡預算及自動調整機制。在不損及中期財政平衡的前提下，年度結構型預算赤字不得超過 GDP 的 0.5%。更重要的，是各國必須將這項規則明定於國家法律條文中，由過去的約束變成義務，並受歐洲法院管轄。
2. 如果成員國沒有遵守上述機制，歐洲法院有權課以罰款，最高可達 GDP 的 0.1%。

「真複雜，能不能簡單點說？」

你不用刻意去記那些數字和規定，事實上這些規範和條文隨時都可能調整。比如說法國大選變天，新上任的總統不願意進行財政公約當中過於嚴苛的緊縮政策，德法之間就可能會進行協商，得出一個折衷的方案。**你需要知道的第一個重點是：德法同盟對於歐洲一體化的共識，尤其是德國的立場，始終沒有改變。**

「還有呢？」

歐元區國家已經交出了貨幣政策，由歐洲央行統一制定，但各國的稅收、支出、預算等財政權仍屬各國政府。1995年，德國曾經倡議簽訂約束各國財政的《穩定公約》，提出了年

度財政赤字不得超過 GDP 的 3%，政府債務占 GDP 的比重不得超過 60% 的限制，否則要予以罰款。不過當時引起了相當大的反彈，認為干預了各國的財政，同時一味控制赤字將會犧牲經濟成長。後來德國退讓，改提出《穩定與增長公約》，保留赤字占 GDP 3%、政府債務占 GDP 60% 的規定，但罰則成了選項而非強制，因此控制預算只具有條文約束力，並不是各國的義務。 如今歐債問題爆發，起因正是各國並沒有遵守當年《穩定與增長公約》的限制。德國此時重提《財政公約》，把罰則正式納入，等於是補齊了當年未完成的目標，在歐債危機的事實及時間壓力下，反對的意見小了很多。因此你需要知道的**第二個重點是：德國正在利用這次危機，在統一貨幣權之外，逐步完成財政權的統一。**

「好像真的是這樣，不過還是有國家有意見。不是嗎？」

任何政策都不會令所有人滿意，有反對意見是正常的。這麼大規模的財政約束，選在經濟面臨蕭條，失業率高漲的時刻，在各國的社會必然會有激烈的爭辯和對立，我們看到過去二年德國、法國、義大利、希臘、荷蘭、西班牙等國的選舉，同意簽署《財政公約》的執政黨都面臨了極大的挑戰。不過如同德國的投資大師科斯托蘭尼（Andre Kostolany, 1906-1999）的名言，股市的走勢就像人遛狗，人是悠閒的往前走一公里抵達終點，狗卻反反覆覆，來回奔跑，足足跑了四公里，最後也抵達了終點。歐洲整合的大趨勢也是如此，一體化的歐洲已經勢不可擋，歐債危機是催化劑。歐債問題

可以被解決，但沒有人能夠承擔歐元或歐盟解體的後果。我可以大膽預測第三個重點：一旦「財政公約」確實執行，德國取得歐洲的貨幣權和財政權，它將以某種未知的型式，例如同意發行歐元債券，出手解決歐豬五國的債務問題[18]。

「真的嗎？」

我認為是的，德國過去在貿易上已經占了其他國家便宜，這是它要整合歐洲必須付出的代價。

參考資料

1. Richard P. Mattione, "You Can Bank on It: European Banks Need Tons of Money (White Paper)," GMO, December 2011.
2. Dhaval Joshi, "Europe's Credit Crunch Goes Global," BCA Research Special Report, November 17, 2011.
3. Dhaval Joshi, "European Saints Versus Sinners: A Flawed Narrative," BCA Research Special Report, April 5, 2012.
4. Dhaval Joshi, "Europe's Untold Truths," BCA Research Special Report, March 12, 2012.
5. Andrew Garthwaite and team, "Global Equity Strategy: Why we are cautious Spain," Credit Suisse, April 4, 2012.
6. 宋鴻兵，「歐元：是進化，還是滅絕？」，http://shb.caogen.com/（檢索於 2011 年 12 月 10 日）。
7. Eurostat, "External and intra EU trade yearbook 2010", 2011.
8. 胡為真，「歐盟的推手──從世仇到密友的德、法關係初探」，國政研究報告，財團法人國家政策研究基金會，2008 年 11 月 14 日。
9. 湯紹成，「德國憲法法院對里斯本條約的判決」，2009 年度國際情勢發展評估報告，國立政治大學國關中心。

---

18 2012 年歐元區主要國家國會紛紛針對財政公約進行表決，愛爾蘭於 6 月 2 日通過、義大利 7 月 19 日通過、法國於 10 月 9 日通過；德國下議院 6 月 30 日表決通過，憲法法院於 9 月 12 日也判決在附加條件下，承認其合法性。

7

中國 金融改革決定成敗

強者與弱者的差別是：
弱者坐待時機，強者製造時機。
——居禮夫人

「你所講美國、歐洲的趨勢真令人洩氣。」

別洩氣，機會通常是在絕望中出現，往往是在大家認為不怎麼好的地方。

「例如那裡？」

其實很多地方都很有機會，像中國就是其中之一。

「中國？這幾年股市並不好啊，這幾年中國基金賺不到什麼錢。」

在投資觀念上有一點要記住：過去好不見得未來好，過去差不代表永遠差，要看的是它會不會出現改變。

「我知道中國有改變，以前是靠製造業，現在是靠消費。」

那未來呢？

中國三十年來的改革開放，簡直就是人類經濟史上的奇蹟。1980 年中國擁有 10 億人口，國民生產總額（GDP）不

到 1900 億美元，每人平均所得不到 200 美元；到 2011 年底，中國的人口是 13 億，GDP 已經超過 6.4 兆美元，成長超過 33 倍，每人平均所得達到 4500 美元，成長 23 倍。歷史上恐怕再也找不到這樣的案例，有這麼多的人口的大型經濟體，在短短數十年間「超英趕美」。

有關中國崛起的研究，坊間有太多資料可供參考，我們就不再多談。簡而言之，改革開放的前二十年，中國充分運用其龐大且廉價的勞動力，製造出全世界要的東西，賺取大量的外匯，讓「人人有工做，人人有飯吃」；到了最近十年，中國的消費能量隨著財富累積和消費世代出現而爆發，經濟亮點變成了「人人有錢花」。總結來說，中國過去三十年驚艷的經濟表現，和本身眾多的人口很有關係，也就是享有了三十年的「人口紅利」。

「我聽過人口紅利，就是人多好辦事。」

呵呵，這麼說也有道理。只不過人口多有時候是好事，有時候卻不一定。

「這是什麼意思？你是說人多對經濟沒幫助？還是中國的人口紅利快結束了？」

那倒不盡然。中國的消費世代隨著嬰兒潮人口進入消費高峰期，在 2008 至 2011 年間急速擴張，預計在 2016 至 2021 年間達到高峰，然後到 2029 年結束（詳見本書第四章）。也就是說目前正是中國消費潮的黃金時期。中國龐大的人口還是會提供全世界可觀的消費實力，這點沒什麼好懷疑的。我的重點是，隨著經濟規模的擴大，未來中國經濟的

再增長動力，恐怕不能再靠人口紅利了。

「不靠人口，那靠什麼？」

經濟到達一定的規模後，眾多的人口不一定會成為優勢，若處理不好反而會是負擔。中國富起來以後，許多問題一一浮現，這時龐大的人口會使改革變得複雜且緩慢。

「有那些問題需要改革？」

像是**貧富差距的問題、社會公平的問題、市場效率的問題、資源配置的問題**等等，都需要建立新的秩序和遊戲規則，用「制度」來規範過去因為追求成長而養成的陋習。我認為這些問題可以從一個源頭開始，從這一項作根本性的改變。

「那一項？」

上面的問題，歸根究底多少都牽扯資源和財富，我認為**金融市場的改革將會是一切改革的基礎**，影響所及不單是經濟規模，還有資源配置和市場效率。如果改革有成效，未來中國經濟將從現在的「人口紅利」轉變為「制度紅利」。

中國金融市場亟需改革

「中國的金融需要改革嗎？中國的銀行都已經是全世界最大的了，人民幣每年都在升值，全世界的錢都要往中國跑，一切都還不錯啊！」

你說對了大部分，中國的銀行規模的確是名列前茅，2011 年底全球前十大市值的銀行中，中國占了 4 家（見**表7-1**）；人民幣從 2005 年的匯改以來已經升值了 25%[1]，每

---

1 從 2005 年 7 月 20 日中國實行匯改以來，至 2012 年 12 月 10 的人民幣兌美元匯率，從 8.2764 升值至 6.2337，累積升幅達 25%

表 7-1　全球前十大市值銀行排名

排名	2011	2008	2005
1	中國工商銀行	中國工商銀行	花旗銀行
2	中國建設銀行	匯豐銀行	美國銀行
3	中國農業銀行	中國建設銀行	匯豐銀行
4	富國銀行	美國銀行	摩根大通銀行
5	匯豐銀行	中國銀行	富國銀行
6	摩根大通銀行	摩根大通銀行	蘇格蘭皇家銀行
7	中國銀行	桑坦德銀行	瑞銀集團
8	聯合銀行	花旗銀行	美聯銀行
9	花旗銀行	富國銀行	桑坦德銀行
10	美國銀行	東京三菱銀行	巴克萊銀行

資料來源：Datastream，以年底美元計算市值排名

年還被全世界要求繼續升值；全世界無論是設廠、置產，還是金融投資，中國總是最佳的選項之一。但如果因此要說中國的金融市場發展很好卻不確實。至少，它還不健全。

「那裡不健全？」

不健全的地方很多，第一個問題就是銀行太大了。

數大不一定是美

中國的金融業長期以來以銀行業為大宗，中國人愛儲蓄、愛存錢，到 2010 年底，中國的儲蓄率占可支配所得[2]的比例仍超過 40%，全國儲蓄總額達到 30.33 兆人民幣，是 GDP 的

2 可支配所得（Disposable Income），是指所得當中實際可運用的部分，通常是所得減去利息支出和所得稅後的餘額。2010 年中國儲蓄占可支配所得比重約為 46%，台灣則約為 21%。

1.3 倍[3]。根據中國西南財經大學「中國家庭金融調查與研究中心」2012 年 5 月 13 日公布一份「中國家庭金融調查報告」指出，高達 75% 的家庭資產是以現金或存款方式持有[4]。絕大部分的存款都是單純放在銀行內，以利息收入為最主要的收益來源。

儲蓄率高的原因很多，但在這裡不是討論的重點，你只要了解**中國的銀行業擁有絕大多數中國人民的金融資產**就行了。2011 年底，中國銀行業的資產規模為整體金融業的 90.4%，達到 113.3 兆人民幣，是保險業總資產的 18.8 倍，證券業的 72 倍[5]。這樣的結果，造成了銀行業長期以來擁有絕大部分的金融資源，金融業務的發展嚴重失衡。即使近年來中國股市成長迅速，保險、信託業務也陸續開展，但整體金融業的版塊並沒有太大的變化，銀行仍然占有超過整體金融產業 9 成的資產（見**圖 7-1**）。

全國金融資產如此不均衡的比例，無論從那一個角度來看都不是好事。不僅如此，銀行業大部分的資產運用，僅從事極為傳統的存放款業務，賺取存放款利率間的利差。由於資產實在太龐大，即使有限的利差，也能創造可觀的獲利數字。從**圖 7-2** 中可以清楚比較，中國銀行業在金融海嘯前後淨利潤成長 3 倍，同時期保險和信託業的利潤增幅卻遠遠不及，甚至證券業獲利因為近年股市不振反而呈現負成長。

「難怪銀行業是金雞母。」

---

3 中國國家統計局資料，2010 年底。
4 根據該篇統計，中國家庭金融資產中，平均銀行存款比例為 57.75%，現金 17.93%、股票 15.45%、基金 4.09%、銀行理財產品 2.43%。
5 台灣銀行業總資產約為 32.8 兆新台幣（2010），約為保險業的 2.8 倍，證券業的 29 倍。

圖 7-1 中國金融業資產比重（按金融業務別）

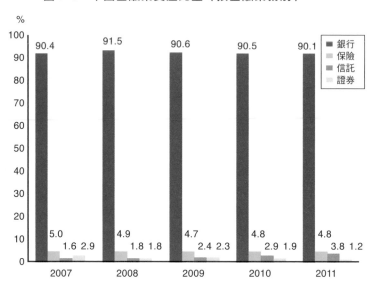

資料來源：中國銀監會、保監會、證券業協會、信託業協會、中信證券

圖 7-2 中國金融業年度淨利潤

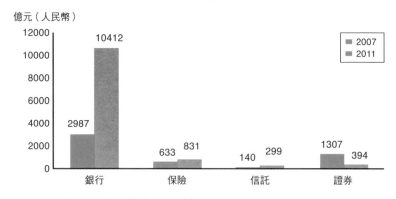

資料來源：中國銀監會、保監會、證券業協會、信託業協會、中信證券

的確是。雖然銀行業被譽為金融業的基礎，是現代金融發展最重要的部分，但過多的資金集中於此，一定會造成資金運用上的效率問題。舉例來說，中國銀行業的人民幣放款業務占全中國社會融資規模的 60%，如果加計銀行票據和外幣放款則超過 72%。雖然相較十年前的 90% 要低許多，但 72% 表示**銀行仍然是中國絕大部分的融資管道**（見**圖** 7-3、**圖** 7-4）。

「這樣的壞處是？」

在健全的金融市場中，銀行只是融資管道的一環，除了銀行之外，應該還有其他的管道提供政府、企業或個人所需的資金，**例如債券市場往往扮演著另一個籌資管道，兼具風險定價的重要角色**。如果融資對象風險較高，債券的利率往往也就會比較高，以彌補可能發生的違約風險，本書第五章曾經介紹過違約風險和利率的關係，有興趣的讀者可以回去再看一遍。

讓接受高利息的債券投資人承擔較高的風險，是一種比較合理的資源配置，也可以將整體風險作有效的分散。如果融資管道僅限於銀行，雖然銀行也可以調整放款利率的高低，**但因為風險無法分散，還是背負了過重的金融市場風險**。

「所以中國的銀行不計風險，到處放款嗎？」

正好相反，中國的情況又更為特殊。目前在中國，人民銀行（即中國的中央銀行）訂有銀行業的存款利率上限以及放款利率下限，原本的用意是善意的，避免銀行間以高利率吸收存款、同時以低利率增加放款進行惡性競爭，但此舉等於是讓銀行業有了「保證獲利」。因為存款利率形同銀行的成本，存款利率上限如同為銀行設了成本上限，銀行只會以

圖 7-3　中國銀行業放款業務占整體金融業比重

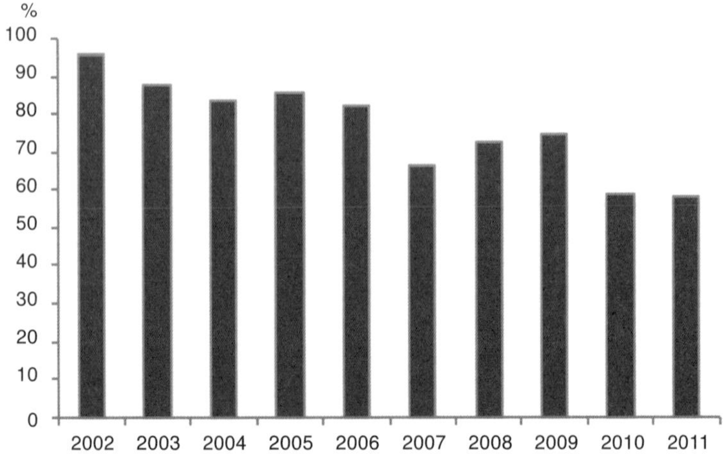

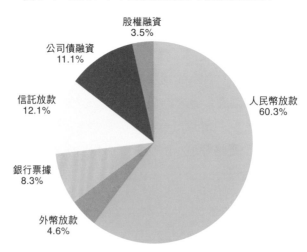

資料來源：CEIC，大和證券，2012 年 3 月 16 日

圖 7-4　2011 年中國融資狀況（依融資來源）

股權融資
3.5%

公司債融資
11.1%

信託放款
12.1%

銀行票據
8.3%

外幣放款
4.6%

人民幣放款
60.3%

資料來源：CEIC，大和證券，2012 年 3 月 16 日

接近下限的利率放款給低風險的大型及國營企業，同時以不超過上限的存款利率吸收存款，賺取中間穩當的利差就可以了，反而沒有誘因承作較高風險的放款，此舉造成國營企業、地方政府可以輕易地取得大量的融資，一般民營公司、中小企業卻難以從銀行管道取得需要資金的奇特現象[6]。再者，由於大多數的民眾缺乏投資管道，存款成了少數可靠的投資選項。存款是最保守的投資方式，金融海嘯以後，銀行的低利率往往無法抵銷物價上漲幅度，存款成了沒有效率的投資。因此，無論從存款面還是放款面，資源出現嚴重的無效配置。

「除了銀行以外，還有什麼其他的問題？」

前面談到銀行業占整體金融業極高比重，其實就已點出其他市場發展的不均衡。像是**債券市場、保險市場的發展極慢，股票市場的參與高度集中在國內投資人，資訊透明度不高**等等。

債券市場

中國的債券市場發展已有十年，始終未能成為主要的籌資管道。至 2011 年，中國公司債融資占整體融資僅 11.1%（見圖 7-5），這已經是十年來的最高比例，但仍有極大的發展空間。前面曾經提到，債券市場除了是企業籌資的另一個管道之外，還有所謂「**價格發現**」的功能，市場的供需會讓信用良好

---

6 根據 2012 年 7 月 6 日中國人民銀行公布的存放款利率，一年期（整存整付）存款利率為 3%，上限為 1.1 倍（3.3%）；六個月至一年的短期放款利率為 6%，下限為 0.7 倍（4.2%）。雖然開啟了新一階段的利率自由化之門，但存放款利率基本上還是受高度管制的。銀行只要按照 3% 吸收存款，再依 6% 放款，就可以賺 3%（6%-3%）的利差。就算依照最高存款利率和最低的放款利率，還是有 0.9%（4.2%-3.3%）的利差。因此銀行只願放款給大型及國營企業即可，因為不會有倒帳風險。

圖 7-5　中國銀行業放款及公司債發行占整體融資比重

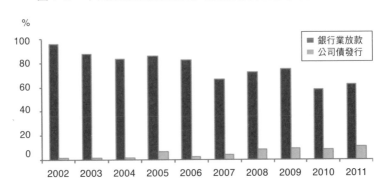

資料來源：CEIC，大和證券，2012 年 3 月 16 日

的公司能以低利率取得融資，信用有疑慮的公司則必須承擔較高的融資成本（高利率）。亞洲幾個債券市場較為發達的國家，銀行放款餘額與公司債發行餘額的比例大多在 2 至 5 倍，香港 8 倍較高，中國這部分的比重卻超過 11 倍（見圖 7-6）！

圖 7-6　亞洲國家銀行放款餘額與公司債發行餘額倍數

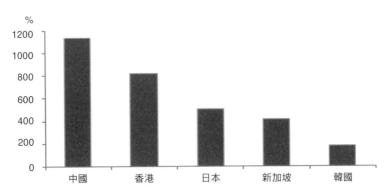

資料來源：CEIC，大和證券，2012 年 3 月 16 日

保險市場

中國的保險業面臨滲透率[7]過低，保障不足的現象，這與保險意識的尚未普及有關。近年來雖然保險業的成長加速，但資產總額仍遠遠落後銀行業；保險業產品多元化和服務的提昇，以及保險監管及風險管理仍有很大的空間（見圖7-7）。

股票市場

至於中國的股票市場，經過 2007 年底站上歷史高點後，迄今仍在低檔盤旋[8]，但中國四年來的經濟仍能維持每年 9% 左右的成長，股市卻無法反應。許多研究結論歸因於沒有對外資開放市場，讓國外專業機構參與股市，迄今合格境外機構投資人[9]在中國股市的投資，僅占中國股市的 1% 左右，累計家數 159 家[10]。

我倒不覺得開放大量外資會是解決股市無法反應經濟表現的良方，反而認為原因是出在**股市的資訊透明度**。債券市場不發達、銀行貸款多集中在國營企業，**股市便成為一般企業重要的籌資管道**，然而企業在中國股市新掛牌價格往往處於高估狀態，企業本身和承銷券商對於公司營運和財務狀況

7 滲透率（Penetration Rate），是指某種商品或服務被市場接受的程度，通常以百分比表示。

8 上證指數在 2007 年 10 月 16 日收盤 6092 點，為中國股市歷史最高點。自此之後受到金融海嘯的衝擊，2008 年 10 月 28 日收盤跌至最低 1771 點，至 2012 年 11 月為止，大多在 1900 至 2500 點之間震盪，11 月 30 日的收盤指數為 1980 點。

9 合格境外機構投資人（Qualified Foreign Institutional Investor, QFII），也就是一般認知的外資。

10 2012 年 4 月，中國宣布新增 QFII 額度從現行的 300 億美元提高至 800 億美元。至 2012 年 10 月 31 日，中國外匯管理局公告已核准 159 家，總金額 335.68 億美元。

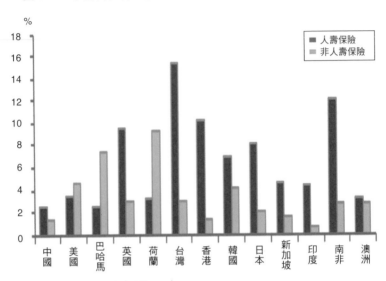

圖 7-7　中國與世界主要國家保險業滲透率比較（2010 年）

註：以保費收入占 GDP 比重計算
資料來源：蘇黎世再保險集團

往往以樂觀的角度詮釋，企業籌到大量的資金，大股東賣股套現，股價往往在掛牌後不久「破發」[11]。再者，過去企業在中國股市並沒有退場機制，除了中小板（類似台灣櫃買市場）之外，企業一旦在主板（類似台灣集中市場）掛牌，就不會有下市的一天，形同「不死鳥」。這給予了企業經營者無心經營、操縱股價，甚至製作假財報的空間，形成極高的道德風險。中國註冊會計師協會 2010 年統計發現，超過九成的上市公司，會因為政策或其他不明原因，收受來自政府的各項補貼。這使得原本處於虧損的公司，因為補貼等業外收益而出現獲利。2011 年，中國許多在國內及海外掛牌的企業陸續

11 指公司掛牌後股價跌破發行價格。

被發現財務報表作假，曝露出對上市公司資訊揭露監管的不足，以及缺乏退場機制的嚇阻作用 [12]。

改革的重點：人

「好了，銀行、保險、債市、股市都有問題，那中國開始要改革了嗎？」

其實中國一直在進行金融產業的改革，只是改革的速度和項目往往受到國際情勢和國內政治經濟發展的影響。例如2007 年中國開放基金投資海外市場，包括規劃「港股直通車」，但由於金融海嘯的影響，海外投資巨幅虧損，人民幣「出海」並沒有獲得預期的成效；又如 2008 年底中國因應金融海嘯推出 4 兆人民幣的刺激景氣方案，銀行大量承作政策性放款，從事包括各項地方建設、政策補貼、甚至不動產放款，雖然使中國在金融海嘯當中一枝獨秀，沒有受到太大的衝擊，卻也造成銀行資產暴增，房地產價格出現泡沫化，地方政府財政出現問題，進一步危及到銀行資本，銀行業的改革因而順勢延後。

「那現在是好的時機囉？」

時機是創造出來的，所謂危機亦是轉機。相較於 2008年，現在的中國擁有較佳的改革時機，因為：(1) 大環境雖然不好，但仍能控制，沒有迫切的危機需要下猛藥拯救；(2) 過去出口製造、產業投資型的經濟結構面臨非調整不可的時候；(3) 中國政府已宣示高經濟成長已不是現階段的工作重點，反而強調「加快轉變經濟發展方式」，特別針對擴大內需，提

---

12 2012 年 4 月 29 日，上海及深圳交易所發布「完善上市公司退市制度的方案徵求意見稿」，6 月 28 日，二個交易所公布「完善上市公司退市制度方案」，訂定七項退市的標準。往上市公司的退場機制走出第一步。

升消費需求、社會保障體系、醫療衛生、財稅公平 [13]。新一代領導人習近平、李克強上任後，也不止一次強調改革重點在經濟轉型、所得分配、城鄉差距以及政府效能。在這些目標下，結構性的改革勢不可擋，金融業也是一樣。

「那要怎麼改？」

所謂金融改革，就是要建立制度，讓制度運作。不過話說回來，制度是人訂的，要訂制度就要先改人。

「改人？」

2011 年 10 月，中國金融三大監理機構——銀監會、證監會、保監會幾乎同時宣布更換委員會主席及黨委書記，就透露出一點端倪。

「什麼端倪？」

我們先來看看新任者的資料，這可是很重要的。（見**表7-2**）

「看起來就是做了很多官、行長、董事長，有什麼不一樣？」

這三人是目前中國金融監理最高長官，同時具有黨委書記身分。他們過去的資歷中，尤其是 1993 至 2003 年間，分別在人民銀行和國務院當中擔任主管或核心工作。

「意思是？」

1993至2003年十年間，這三人都曾經在一個人下面工作。

「誰？」

朱鎔基。

---

13 溫家寶總理在 2012 年第 11 屆全國代表大會（全國人大）開幕時的「政府工作報告」明確指出，2012 年中國經濟成長率目標為7.5%，是 2005 年「保8」以來首度調降經濟成長目標至 8% 以下。詳見「國務院總理溫家寶政府工作報告」全文，2012 年 3 月 5 日，網址：http://www.gov.cn。

表 7-2　中國金融三大管理機構新任主席及黨委書記之背景簡歷

姓名	職稱	主要頭銜	
尚福林	銀監會主席黨委書記	1990-1993	中國人民銀行總行計劃司
		1994	中國人民銀行行長助理
		1997	中國貨幣政策委員會第一任委員
		2000	中國農民銀行行長
		2002	中國證監會主席
郭樹清	證監會主席黨委書記	1993-1998	國家經濟體制改革委員會
		1998	國務院經濟體制改革辦公室成員
		2001	中國人民銀行副行長，國家外匯管理局局長。
		2003	中央匯金投資有限責任公司董事長
		2005	中國建設銀行董事長
項俊波	保監會主席黨委書記	1996-2004	國務院審計署，最高至副署長
		2004-2007	中國人民銀行副行長
		2009-2011	中國農業銀行董事長

資料來源：中國銀監會、中國證監會、中國保監會

我們先來看看朱鎔基的簡歷：

1987：上海市委副書記

1988：上海市長

1989：上海市長兼任上海市委書記

1991：國務院副總理（補選）

1992：國務院副總理兼任國務院經濟貿易辦公室主任，
　　　中央政治局常委

1993：任國務院第一副總理，7 月兼任中國人民銀行行長

1998-2003：國務院總理

　　朱鎔基是中國改革開放過程中的重要人物，尤其在經濟及金融層面的改革，影響了當前中國經濟和金融的輪廓：在上海市長期間，朱推動了浦東新區的開發，實施市場經濟，造就了今日上海的新風貌；在國務院副總理及人民銀行行長期間，提出宏觀調控、抑制高漲的通貨膨脹、打擊官商勾結、從事財稅制度改革、廢除人民幣匯率與物價雙軌制[14]；1998年擔任國務院總理後，進行政府體制和國營企業改革，提高效率[15]；打擊貪汙、減少投資融資審批、改革住房及醫療。

　　朱鎔基的歷史評價留後人論斷，但他任內推行經濟和金融體制的改革卻是真實的，並且影響至今。例如：

1. 收回地方政府大部分的財政權：經濟實施宏觀調控，政策改由中央領導，杜絕各地方政府膨風及貪瀆風氣。

2. 加強銀行管理：要求地方銀行收回貸款，限制地方政府對銀行放款的行政力量支配，此舉使得通膨壓力在短時間內迅速下降。

3. 主導人民幣匯率貶值：1994年初，在他擔任人民銀行行長期間，突然宣布從 5.8245 一口氣貶值到 8.7217，並且緊釘美元長達十一年。提高出口競爭力，累積大量外匯。

　　1996 至 2003 年，朱鎔基任國務院副總理、總理、人民

14 改革開放初期，1979 至 1994 年間，人民幣經歷十五年的雙軌制，一方面為提高出口競爭力，官方掛牌價從 1.555 兌 1 美元，大幅貶值到 8.691 兌 1 美元；另一方面為避免貶值造成物價上漲，另有「調劑價」，匯率較高。但由於二者存在價差，出現外匯黑市大量炒作外匯，朱鎔基上任後，引導調劑價回貶，減少炒作，最後取消雙軌制，市場僅有一個匯價。

15 這部分後人的評價不一，有人認為改革提高了生產及管理效率，才能進一步與國際接軌；也有人批評造成大量國營企業員工「下崗」（即失業），反而製造出社會問題。

銀行行長期間，中國大致維持了低通膨、但經濟成長至少在7% 以上的黃金時期。如果說朱的金融改革是第一代，曾經是他屬下的尚福林、郭樹清、項俊波三人，在過去職位上已有改革的記錄，未來將會成為金融改革第二代的要角。

表 7-3　新任金融監督管理委員會主席過去改革事蹟

姓名	改革事蹟
尚福林	證監會主席期間： 1. 推動股權分置改革，國有資本退出，A 股進入全面流通時代。 2. 推動股市融資融券。 3. 推動中小板、創業板、股指期貨。 4. 改革新股發行制，由核准制改為註冊制。
郭樹清	1. 國家外匯管理局長期間，維持人民幣匯率維定（8.26 兌 1 美元），累積大量外匯存底。 2. 2005 年任建設銀行董事長，七個月完成股權改革，建行成為中國第一家首次公開發行（IPO）的國有商業銀行。 3. 2011 年任證監會主席，已先後提出改革新股發行、主板及中小板退市方案、降低期貨及 A 股交易手續費等措施。
項俊波	1. 1999 年任審計署人教司長，打擊天津薊縣國稅局涉貪。 2. 2009 年任中國農業銀行董事長，完成股權改革，於次年完成農行於上海 A 股香港 H 股掛牌，成為當年全球最大的 IPO。

資料來源：中國銀監會、中國證監會、中國保監會

不可能的三位一體

「好了，知道問題了，也有人了。那，要怎麼改呢？」

這是個最值得問的問題，但也是個極端複雜的問題。中國的改革向來不會只是單一方向的路徑，而是政治、經濟、社會等多面向的綜合體，當中所涉及的政策多不勝數。因此，

與其討論每項政策怎麼改，倒不如從另一個角度來看，未來中國金融市場會是個什麼樣貌。

「你的意思是，先推論結果，再回頭看看該作什麼？」

答對了！

「那，結果是什麼？」

在說明我的推論前，先必須介紹一個經濟上的理論。

「天哪，又要上課？」

呵，不是上課，你在第三章已經上過課了，那時我說過那是本書唯一上的經濟學。這裡只是要介紹一個著名的理論，了解以後你會很快地掌握到重點。

著名的經濟學家孟岱爾[16]曾經提出一個國際經濟上的理論，稱作**孟岱爾的三元悖論**（Mundellian Trilemma），又稱為**不可能的三位一體**（Impossible Trinity）。這個理論告訴我們，任何一個國家在國際經濟的體系下，不可能同時完成以下三件事：

1. 固定的匯率制度。
2. 獨立自主的貨幣（利率）政策。
3. 國際資本的自由進出流動。

這三件事沒有先後順序，沒有孰優孰劣，純粹是一國在國際經濟定位的選項。在最理想的烏托邦世界中，一個國家的國內資金和國外資金可以任意匯進匯出，但完全不會影響

---

16 孟岱爾（Robert Alexander Mundell, 1932- ），加拿大經濟學家，以研究國際經濟、貨幣及金融著稱。他與另一位經濟學家弗萊明（J. Marcus Fleming, 1911-1976）共同提出開放經濟體系下的總體均衡，稱為「孟岱爾 - 弗萊明模型」，成為國際經濟的重要理論。同時他也提倡一體化貨幣，提出「最優貨幣化理論」。孟岱爾為歐洲統一貨幣的起草者之一，大力推動歐元，被稱為「歐元之父」。1999 年獲頒諾貝爾經濟學獎。

這個國家的匯率，同時它還保有完整的利率決定權。可是三元悖論告訴我們，這個烏托邦世界是不存在的。

「不存在！那我們知道有什麼用？」

呵呵，就是因為最完美的世界並不存在，每個國家才要在所有的不完美選項當中挑出一個作為自己的定位。簡單來說，就是在固定的匯率、獨立的貨幣政策、自由的資本流動三者當中，選擇要留下那個，同時放棄那個。

舉幾個例子來說，如果一個國家或地區讓資本可以自由進出，又希望匯率相當穩定，避免影響對外貿易（擁有選項1和3），它必須在國外資金大量流入時不斷釋出本國貨幣，或是在國內資金大舉外移時同步提供等量外匯，否則選項1就無法維持。因此，這個國家或地區將無法自己決定本國貨幣數量的多寡（因為是由資本進出決定），也就是不能利用升降息來釋放或回收資金。一個最明顯的例子就是香港。香港的聯繫匯率制度使得港幣緊釘美元，匯率相當穩定（選項1），同時又開放國際資金的自由進出（選項3）。為了維持1與3，香港政府便放棄本身的貨幣政策，利率水準完全跟隨美元，因此每當美國聯準會利率決策的第二天，港府都隨之跟進[17]。

如果一個國家選擇資本自由進出，又有獨立的貨幣政策（擁有選項2和3），當國家決定升息時，會引發國外資金流入，反之降息則會引發國內資金流出，貨幣政策的效果表現在匯率市場的變動，因此該國無法同時兼顧匯率穩定，此時的貨幣有一個比較好聽的名稱，叫做「國際貨幣」，因為它

---

17 港幣在 1983 年 10 月 17 日採聯繫匯率制度釘住美元，從此香港利率水準完全跟隨美國至今。

的價格是由國際金融市場的供需決定，政府若要干預也只是供需的其中一方而已。如美國、日本、歐元區等大型經濟體大多採取此類，它們對於國際資金採取開放的態度（選項3），但同時仍有自己的利率政策調整貨幣數量（選項2）。像是美國聯準會在2008年金融海嘯過後大幅調低利率至0至0.25%的水準，印出大量的美鈔流向全球，以維持市場流動性並提高通貨膨脹預期，但全球不需要如此多的美鈔，此舉只使得美元大幅貶值，也引發出口國家包括台灣的匯率升值，原物料出口國之一的巴西財政部長一度公開宣稱這是美國主導的「貨幣戰爭」[18]。

最後，如果一個國家或地區選擇固定匯率和獨立的貨幣政策（擁有選項1和2），當國家擁有利率主導權，決定升降息時（選項2），同樣會引發國內和國外的資金流動需求，但因為匯率必須固定（選項1），該國無法讓資金任意流動影響匯率，因此限制資本流動便成為當然的選項。最明顯的例子就是中國自己，政府可以控制雙率（利率、匯率），但面對國際資本的需求，只有限制資本進出，或是控管進出的額度（例如前面提到的QFII），來維持雙率的固定或穩定。不僅是中國，許多新興國家，尤其是出口導向國家，大多採取這一種方式，如南韓、台灣都是如此，避免匯率波動過大影響進出口。

「聽起來好複雜。」

---

18 另一個例子是日本。日本經濟長期低迷，匯率早應貶值反應，但因美元大幅貶值，日圓相對之下反而升值，對出口產業造成莫大的衝擊。日本央行多次進場干預匯率，企圖引導日圓走貶，但成效不彰。2012年12月新任首相安倍晉三上任，宣示貨幣政策以2%通膨率為目標，等於是無限量供應日圓，日圓匯率頓時大幅貶值。至2012年底已貶至86兌1美元左右。

表 7-4　各國間「不可能的三位一體」

選項	固定（或穩定）的匯率	獨立的貨幣政策	國際資本的自由流動	國家 / 地區
I	✓	✗	✓	香港
II	✗	✓	✓	美國 / 歐元區 / 日本
III	✓	✓	✗	中國 / 韓國 / 台灣等出口國家

　　看起來複雜，其實並不會。**表 7-4** 整理出來結論，其實一目了然。

　　值得一提的是，**表 7-4** 的「✓」或「✗」都不會是絕對的，通常存在著模糊的空間。例如出口國家為了雙率穩定會限制資本進出，但是完全限制資本目前相當少見，多數出口國家在匯率和資本進出之間會作出彼此容忍的範圍，比如台灣中央銀行會設定匯率的波動區間，在區間內的升貶不予干涉，若國際資金大幅進出便會出手干預，以限制用途、限制額度、限制時間作手段，同時在釋放或收回國內貨幣因應。只是各國在匯率和資本進出的容忍區間有所不同[19]。

　　「這樣看起來好多了。回到你的推論，中國目前是 III，那將來會變成 II ？還是 I ？」

　　前面我們討論了許多中國目前金融業面臨的問題，歸納來說也就是資本市場、利率市場、匯率市場的問題，這也正

---

19 有時候在金融環境出現緊急危機或變化時，會出現短期限制資金進出的政策。如 1997 年亞洲金融風暴期間，馬來西亞為避免如泰國、印尼出現資金潰逃，貨幣巨幅貶值，宣布資金完全不准離開馬來西亞，以維持雙率的穩定。

好是孟岱爾三位一體的三個面向。我們可以試著從這三個面向來思考中國未來在國際金融體系上要如何定位自己。

中國已經是全世界第二大經濟體，全球最重要的經濟成長動力，它所思考的，絕對不會只求本身的經濟成長而已，至少會以區域領導者的角色，加深對全球金融體系的影響。中國目前在國際經濟體系下的優勢有三方面：**對外貿易、廣大內需市場、強勢人民幣**，但仍不足以據此成為區域甚至全球的金融中心。我認為中國未來的金融改革，勢必會逐漸朝向以下幾個方向：

1. 參考美國、歐元區等已開發國家的金融市場：利率始終是中央銀行最強力的政策工具，足以影響國內物價和匯率，成為區域性甚至全球性的資金流向依據，因此**中國未來不可能放棄獨立自主的貨幣政策**。目前，中國即使擁有利率自主權，利率卻未能成為有效的投資工具及定價依據。因此，**利率自由化勢在必行**。像是進一步放寬甚至取消對存放利率設限、發展存款保險、建立穩定的公債市場及殖利率曲線 [20]、提高銀行非利差收入比重等。

2. 中國的資本市場已有廣度，深度卻還需要耕耘。未來除了市場規模將持續擴大外，有幾個重要的策略：

    (1) 引導存放在銀行體系的大量資金到其他金融領域，擴大非銀行體系的規模，活化資金運用。像是保

---

20 殖利率曲線（Yield Curve），是指同樣信用風險和流動性下，不同到期日的債券殖利率關係，此時利率的差異主要是反應時間的價值。一般常見是以公債殖利率曲線為代表，因為公債信用風險低，可以作為其他風險性債券價格的參考基準。

險及再保險市場的開放及創新，創投、信託、租賃行業的開展，期貨市場進一步擴大，如債權及債務的證券化、社會保險、退休資產管理等等。

(2) 金融市場進一步的區域化和國際化，勢必更加開放國外資金進入投資和經營金融事業，同時中國的資金也會更積極在全球的金融市場布局。雖然中國最終不大可能全面開放資本進出，但進一步引入國際資金，換取經驗及技術，同時擴大中國資金在其他地區的影響力，卻是必要的步驟。

(3) 金融監理、資訊透明度及可靠度、風險管理和資本適足，更是成為資本深化的重中之重。金融業是基於信任的行業，風險管理更是現代金融業的必修課題，2008 年的金融海嘯已讓全球見識到信用崩盤時的巨大衝擊。我認為這一步的重要性遠比前二項要大。

3. 人民幣的國際化最初是以貿易結算為手段，減少貿易風險，擴大人民幣使用基礎 [21]：未來可見在人民幣存款、資產計價也會逐漸普及，最終人民幣目標是全球儲備貨幣之一，成為真正的「國際貨幣」。但是這會是一條漫長的過程，人民幣在可見的未來還是會受到控制，但是隨著利率自由化和資本進出的放寬，**人民幣匯率勢必開始反應利率升降和資金供需的影響**。尤其是中國經濟結構正在調整，內需逐漸成為最大的經

21 2011 年，至少已有十四個國家，將近 6000 億的貿易結算是以人民幣計算。

濟動力，匯率對經濟成長的影響已不若過去那麼關鍵
時，外匯市場彈性將越來越大。

「這樣看起來，中國還是會維持 III 吧。」

你答對了一半。中國在未來一段時間還是會維持 III，但
是除了貨幣政策緊握在手外，中國將會逐漸放鬆國際資金進
出和匯率的彈性。如果中國的經濟結構調整得宜，更重要的
是金融改革能夠成功，我認為中國會逐漸朝向 II，也就是如
同美國或歐元區的地位，屆時中國對全球的影響將更為強大！

參考資料

1. 齋藤尚登，「中國資本交易自由化時間表」，日本大和總研，2012 年 3 月 30 日。
2. Hongbin Qu, "From the Horse's Mouth: PBoC's Agenda on Financial Reforms," HSBC Global Research, February 23, 2012.
3 Steven Sun, "China Strategy: Accelerating Reforms as the Long-Term Re-Rating Catalyst," HSBC Global Research, April 12, 2012.
4. Hongbin Qu, "RMB Band Widening Kickstarts a New Wave of Financial Reforms," HSBC Global Research, April 15, 2012.
5. Mingchun Sun, "In Need of Further Deregulation," Daiwa Capital Markets, March 16, 2012.
6. David Marsh，「中國金融市場改革對西方是好事嗎？」，華爾街日報，2012 年 4 月 11 日。
7. Grace Wu, "Banking on Financial Reform," Daiwa Capital Markets, March 15, 2012.
8. 潘洪文，「金融制度改革紅利即爆發，非銀金融迎來重大投資機會」，中信證券非銀行金融行業專題報告，2012 年 4 月 23 日。
9. 何新華、曹永福，「解析中國高儲蓄」，世界經濟統計研究第 2 期（2005 年）。

8

下一塊金磚

> 人之所以不幸，
> 是因為不知道自己是幸福的。
> ——杜斯妥也夫斯基

這一章，我們來玩個遊戲。

「玩遊戲！太好了，早就該輕鬆一下了。又是美國、又是歐洲、再來個中國，搞得頭都大了。」

呵呵，我們來玩個字母遊戲吧，而且保證不會有美國、也不會有歐洲。

「字母遊戲？怎麼玩？」

我說一連串字母，你來猜猜看代表什麼。

「好。」

BRIC ？

「這簡單。金磚四國嘛！巴西（Brazil）、俄羅斯（Russia）、印度（India）、中國（China）。」

PIIGS ？

「這我也知道。歐豬五國嘛！葡萄牙（Portugal）、義大利（Italy）、愛爾蘭（Ireland）、希臘（Greece）和西班牙（Spain）。」

CIVETS [1]？

「……這是什麼？果子狸？」

VISTA [2]？

「……作業系統？」

VITAMIN [3]？

「……怎麼還有維他命？」

BRICKS？VRICS [4]？MIST [5]？

「……」

　　自從高盛（Goldman Sachs）的 Jim O'Neill 在 2001 年提出金磚四國（BRIC）的概念，並於 2003 年首次以研究報告型式，將 BRIC 四國的地位提升至與美國、日本相抗衡的經濟體[6]。新興國家在全世界經濟版圖上，一下子由配角轉變為主角，不但經濟上成為全球投資的新亮點，政治、文化、社

1 CIVETS：由經濟學人智庫（EIU）於 2009 年提出，指哥倫比亞（Colombia）、印尼（Indonesia）、越南（Vietnam）、埃及（Egypt）、土耳其（Turkey）和南非（South Africa）六個新興潛力市場。

2 VISTA：日本《經濟學人》週刊於 2007 年提出，指越南（Vietnam）、印尼（Indonesia）、南非（South Africa）、土耳其（Turkey）、阿根廷（Argentina）五國。

3 日本趨勢大師大前研一，2012 年 7 月在其新書《大資金潮》中，點名越南、印尼、泰國、土耳其、墨西哥（Mexico）、伊朗（Iran）、伊拉克（Iraq）、奈及利亞（Nigiria）、阿根廷、南非十國，為下階段經濟成長明星。取其字首剔除重覆，組成 VITAMIN 十國一詞。

4 BRICKS：將 BRIC 之後加上哈薩克（Kazakhstan）和南非（South Africa），稱為 BRICKS。VRICS：有人將 BRICS 當中巴西換成越南（Vietnam），稱為 VRICS。

5 高盛資產管理公司董事長 Jim O'Neill 在 2012 年提出墨西哥、印尼、韓國、土耳其四國為雲霧（MIST）四國，可取代金磚四國成為下階段的成長焦點。

6 在 2003 年高盛「Dreaming with BRICs: The Path to 2050」的研究報告中，預測 2050 年，全世界經濟格局將重新洗牌，金磚四國的經濟規模，將超越日本、德國、英國、法國、義大利、加拿大等 G7 國家。中國超越美國，成為全球最大經濟體。

會實力也越來越受重視。2008 年美國經歷金融海嘯的洗禮、2010 年歐債危機更重創歐洲的經濟，新興國家已成為拉動全球經濟的火車頭。根據國際貨幣基金（IMF）的統計，2011 年全球經濟成長率達 3.9%，其中歐美日等所謂的「已開發國家」只貢獻了其中的 21%（0.8%），新興國家則貢獻了 79%（3.1%）。不僅如此，在全球經濟的版圖中，新興國家的經濟規模，已經和已開發國家相當接近，比例為 49：51[7]。

「那金磚四國也越來越重要囉？」

當然是的。金磚四國占 2011 年全球的經濟規模已經達到 25.9%，其中中國為 14.3%、印度 5.7%、俄羅斯 3.0%、巴西 2.9%，總和高於美國（19.1%）和歐元區（14.3%）。因為金磚四國成長的速度遠超過美歐日等國家，因此這個差距將會越來越大。

「嘿嘿，那金磚四國將來說話可就『越來越大聲』。」

的確，除了金磚四國之外，其他新興國家的重要性也越來越高，在國際間發聲的機會也會越來越多，我們從國際貨幣基金各國表決權（Voting Shares）為例，從當中變化可以看出此消彼長（見**表 8-1**）。

國際貨幣基金是全球性的金融機構，處理國際間匯率及貿易問題，並對發生經濟及貿易困難的國家進行紓困。在過去，國際貨幣基金的資金來源長期為歐美國家，處理國際貿易事務和匯率狀況往往是以西方角度認定。2010 年國際貨幣基金因應歐洲債務問題擴大，決定向成員國增資以擴大紓困能力。新興國家要求在增資同時，也要求提高新興國家更高

---

7 根據 IMF 的資料，2011 年「已開發國家」和「新興國家」的經濟規模各分別為 32.2 兆及 30.8 兆美元，「已開發國家」的經濟成長率僅 1.6%，而「新興國家」則高達 6.2%。

表 8-1　國際貨幣基金表決權變化

	目前比重	2010 年增資計劃後 *
已開發國家	59.5%	55.3%
美國	16.7%	16.5%
日本	6.0%	6.1%
德國	5.9%	5.3%
英國	4.8%	4.0%
法國	4.8%	4.0%
新興國家	40.5%	44.7%
中國	3.7%	6.1%
俄羅斯	2.7%	2.6%
印度	1.9%	2.6%
巴西	1.4%	2.2%
其他新興國家	30.8%	31.2%

註：*2010 年國際貨幣基金決議增資，此為規劃增資後之比重，尚未正式實行
資料來源：IMF，2012 年 6 月

的表決權。目前從國際貨幣基金的官方網站所公布的資料，一旦增資完成，金磚四國的表決權將增加 3.8%，成為 13.5%，整體新興國家將增加 4.2%，成為 44.7%。未來在國際貿易和匯率議題上，新興國家的分量將日益吃重。

「新興國家終於站上世界舞台了。」

呵呵，新興國家的崛起，代表在世界上的地位越來越高；但如果說新興國家「終於」站上世界舞台就未必正確了。

「怎麼說？」

因為今天的新興國家，其實是過去的已開發國家。

過去、歷史、曾經

「什麼今天、過去？」

今天我們習慣稱呼的「新興國家」一詞，嚴格來說也不過是近二十多年的事，而且**完全是從西方的觀點出發，從他們的眼光看待萌芽成長中的亞洲、中南美洲、非洲及東歐地區，是一個從近代經濟發展角度出發所創造的名詞**。可是，西方國家的經濟發達，是近二百多年工業革命以來的成果，在此之前，全世界的經濟版圖並不是今天的樣貌。

表8-2和**圖8-1**清楚的顯示，全世界經濟版圖是隨著時間在不停地移轉，在工業革命發生前，亞洲是全球的經濟重心，直到十九世紀初期（1820年），中國和印度占有當時全球經濟規模的二分之一！而那時西歐國家加總只不過20%左右，美國更只有1.8%。從當時的眼光來看，**中國和印度是名符其實的「已開發國家」，歐美國家應稱作「新興國家」**。

圖 8-1　全球經濟規模長期變化（GDP 占全球比重，估計值）

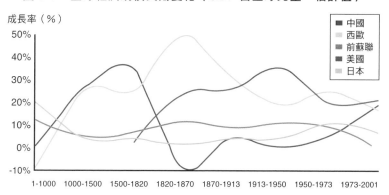

資料來源：Angus Maddison, World Bank, 2009

表 8-2　全球各地區／國家經濟規模長期變化（GDP 占全球比重，
估計值）

	1820	1870	1913	1973	1998	2011
西歐國家						
法國	5.4%	6.5%	5.3%	4.3%	3.4%	2.5%
德國	3.8%	6.5%	8.8%	5.9%	4.3%	3.9%
義大利	3.2%	3.8%	3.5%	3.6%	3.0%	2.3%
英國	5.2%	9.1%	8.3%	4.2%	3.3%	2.9%
西班牙	1.9%	2.0%	1.7%	1.9%	1.7%	1.8%
東歐國家						
俄羅斯 *	5.4%	7.6%	8.6%	9.4%	3.4%	3.0%
美洲						
美國	1.8%	8.9%	19.1%	**22.0%**	**21.9%**	19.1%
拉丁美洲	1.3%	2.0%	3.5%	7.0%	6.8%	8.7%
亞洲						
中國	**32.9%**	17.2%	8.9%	4.6%	11.5%	**14.3%**
日本	3.0%	2.3%	2.6%	7.7%	7.7%	5.6%
印度	**16.0%**	12.2%	7.6%	3.1%	5.0%	**5.7%**

註：* 俄羅斯 1913 及 1973 年資料為前蘇聯。
資料來源：1820-1998 年資料：Angus Maddison (2001). *The World Economy: A Millennial Perspective*. Paris: OECD.
　　　　　2010 年資料：World Economic Outlook, IMF, 2012 年 4 月

　　「可是那是過去的農業時代，這二百年以來，歐美的確超越了我們。」

　　對。任何人從事後的角度來看，都會很輕易地作出結論，問題難在時間不會倒流，在當時要作出事後認為是正確的決定，其實是很有難度的。想想看，如果當時有投資機會，也有

股票和基金，我想大多數人都會選擇當時的「已開發國家」，而不會把眼光轉向當時的「新興經濟體」。「已開發國家」規模大、人口多、穩定度高；「新興經濟體」的規模小、不確定性高，容易受到大環境的影響。但是，歷史最後告訴我們答案，任何時代的「已開發國家」都有可能步入衰退，而「新興國家」則可能有一天占有一席之地，甚至引領整個世界。

這並不是在這裡緬懷過去的榮光，或是藉歷史來自我膨脹。過去歷史的變遷改變了彼此的命運，有人掌握了機會，有人失去了先機。今天新興國家重新站上世界舞台，或許是歷史輪迴再一次展示，但也考驗著這些國家能不能站得久，站得長遠。

無需複製「金磚經驗」

「好啦，我知道新興國家將來很有機會，但是總不會所有新興國家都會出人頭地吧！那我們現在應該關注那些國家？金磚四國嗎？」

金磚四國當然值得繼續關注，我也相信未來金磚四國的規模和成長還不僅於此。這四個國家背景不同、文化各異，更有著不同的成長模式，但共通點為經濟的持續成長：

1. 中國從製造工廠開始，正往消費大國轉型。
2. 印度聚集了軟體高端人才，人口結構年輕是最大的優勢。
3. 俄羅斯能源大國的地位難以動搖，近年發展重點轉向國內建設及投資。
4. 巴西有四國當中最自由的金融環境，原物料和內需成

為成長雙引擎。

「那還有可能出現第五個金磚國家嗎？」

金磚四國分別代表了新興國家在東亞、南亞、東歐、南美四個地理區域，擁有廣大的土地及眾多的人口，形成區域性的磁吸效應，進而成為經濟中心。四國當中國土面積最小的印度就有 330 萬平方公里，人口超過 12 億；俄羅斯領土最大，有 1700 萬平方公里，人口在四國當中最少，也有 1.43 億人；中國和巴西也具備了領土面積大、人口眾多的特性[8]。要在世界上找到第五個具有土地大、人口多、同時為地理區域中心等特質的新興國家應該很不容易。

「所以我們還是只能期待金磚四國囉？」

那倒不是。就算難以發崛和中國、俄羅斯、印度、巴西有類似條件的國家作為第五塊金磚，也不代表其他新興國家就不值得關注。這四個國家都位於區域的中心，**而經濟的發展本來就是從中心向外擴散**，如同過去的英國、今日的美國和歐元區的德國。中心的經濟強起來了，周邊的國家很快就會雨露均霑。我們不需要擔心沒有下一塊金磚的誕生，反而要從金磚四國的例子當中，看出一些能夠成為金磚國家的客觀條件。

「什麼條件？」

好比要有一定的**人口數量**，支撐一個夠規模的產業發展和消費需求；要有比較**年輕的人口結構**，在未來人口老年化趨勢下保有優勢；要有越來越穩定的政治環境，**對外來資金的友善態度**等等。

「然後呢？」

---

8 中國領土面積約 960 萬平方公里，人口超過 14 億人；巴西領土約 850 萬平方公里，人口將近 2 億人。

在具備一定的客觀條件之後，各國可以運用其本身不同的文化、背景、經濟、社會型態，發展成為具有特色的新興國家。這些特質未必符合金磚四國當初的樣貌，但是並不妨礙它們成為下一塊金磚的可能。別忘了，金磚四國本身就是四個截然不同的經濟個體。

「你的意思是，符合一些客觀條件，加上發展自己的特色，就可能是下一塊金磚？」

嗯，這樣的結論有點跳得太快，但基本上是對的。至少我們必須承認，在一些客觀條件成熟之後，各國會開始發展出自己的風格，不用複製已經存在的金磚四國模式，就有機會成為下一塊金磚。

客觀層面的篩選

我們嘗試從下面幾個面向來觀察金磚四國以外的新興國家是否具備下一塊金磚的客觀條件。這是一件相當困難的篩選動作，我想了很久，用下面九個指標來排名，進一步歸納出結論：

1. 人口數：一個國家是否具有一定程度的消費實力和經濟規模，人口數是最直覺的指標。我認為至少要有4000萬以上的人口，才具備一個有深度的消費市場。簡單來說，人口多比人口少要好。

2. 扶養率：觀察一個國家勞動人口的負擔程度，攸關未來的成長動力。這個數字越高，表示勞動人口的負擔越重，因此越低越好。

3. 國民生產毛額：亦即GDP，觀察一個國家的經濟規模，

至少要有 1000 億美元以上才具有一定規模，規模越大表示影響力越大。

4. 經常帳占 GDP 比重：經常帳是一國與外國商品與服務進出口、投資所得、資金流動的總額，越高代表該國在國際經濟及金融體系下，整體而言是收入大於支出的，因此越高越好。

5. 政府公共債務占 GDP 比重：政府適當的債務水準有助於經濟擴張，但過高的債務比重對於國家信用評等和未來償債能力都有負面效果。簡單起見我們以越低表示越好。

6. 外匯存底：外匯存底為一國貨幣單位（通常為中央銀行）持有並可隨時兌換的外幣資產，通常以美元計算，外匯存底通常是衡量新興國家貿易成果或是抵禦外部金融危機時的標準，外匯存底越高代表防禦力越強。

7. 股票市場市值：股票市場市值是衡量一個國家的籌資管道多元性及金融市場深度的指標，這是新興市場是否能具有長遠投資價值的關鍵。市值越大代表資金充沛、參與人多、多元性比較強。

8. 外人直接投資占 GDP 比重：外人直接投資（FDI）是評估外資對當地投資的偏好程度，這與當地投資環境、政府開放態度、產業結構有關。基本上是越高越好。

9. 世界競爭力排名：採用瑞士洛桑管理學院（IMD）針對全球主要國家的經濟表現、政府效率、企業效能、基礎設施四大指標的綜合排名。這份排名和世界經濟論壇（WEF）、美國企業環境風險評估（BERI）都

是具有權威性的國際評比報告。除了經濟指標外，還包括非經濟指標，其中政府效率和經營環境是相當關鍵，一般經濟數字上難以比較出來的項目。

「為什麼是選這九項？」

這九項指標，考慮了經濟規模、國際收支、人口結構、政府財政、貨幣資產、外資意願、資本市場和世界競爭力，將評估一個新興國家的面向都包括在內。同時，這些指標在觀念上並不難理解，任何人花些時間思考一下就會懂；再者，這些資料的取得並不困難，在國際貨幣基金（IMF）、世界銀行（World Bank）、瑞士洛桑管理學院（IMD）網站上都找得到，任何人都可以下載、計算並更新。

表 8-3 列出金磚四國之外，人口在 4000 萬人以上，國民生產毛額（GDP）在 1000 億美元以上的新興國家，共有十二個。這些國家在許多研究機構評估未來具高度成長性的國家當中經常出現，如高盛（Goldman Sachs）2007 年在金磚四國之外另提出「新鑽十一國」（Next-11）概念，其中有八個國家名列於此 [9]。

「看起來好多數字，頭都昏了。」

呵呵，的確，有時候太多數字等於沒數字，因為很難記得起來。因此，通常我會用一種簡單有效的方法來處理這些資料。

「什麼方法？」

說起來也相當簡單，只有三個步驟：

---

9 高盛的 Jim O'Neill 在 2007 年提出的「新鑽十一國」包括：孟加拉、埃及、印尼、伊朗、韓國（即南韓）、墨西哥、奈及利亞、巴基斯坦、菲律賓、土耳其、越南。

表 8-3　新興十二國九項指標

	人口（百萬人）	扶養率（%）	國民生產毛額（GDP）（10億美元）	經常帳占GDP%	公共債務占GDP%	外匯存底（10億美元）	股票市場市值（10億美元）	外人直接投資（FDI）占GDP%	競爭力IMD國際排名
墨西哥	117.46	52	1035.87	-0.8	37.5	155	409.4	1.91	37
埃及	86.90	59	218.89	-2	85.7	11	58.6	2.92	60
土耳其	81.62	47	734.37	-9.9	42.4	79	224.4	1.24	38
南非	48.38	53	363.91	-3.3	35.6	41	463.4	0.34	50
奈及利亞	164.25	76	202.52	6.2	17.6	33	40.0	2.99	60
印尼	253.29	48	706.56	0.2	24.5	116	379.2	1.89	42
菲律賓	107.67	62	199.59	2.7	49.4	76	184.2	0.86	43
越南	93.42	43	106.43	-0.5	57.3	14	39.0	7.52	60
泰國	67.79	41	318.52	3.4	40.5	168	289.7	3.04	30
韓國	49.04	37	1014.48	2.4	33.3	311	974.5	-0.01	22
哥倫比亞	46.25	47	288.89	-2.8	45.6	31	243.8	2.39	52
阿根廷	43.02	57	368.74	-0.5	42.9	41	28.4	1.91	54

資料時間：人口數及扶養率：2010 年；IMD 國際競爭排名：2012 年 5 月；越南外匯存底為 2011 年 10 月；其餘資料為 2011 年底
資料來源：國際貨幣基金、世界銀行、瑞士洛桑管理學院

1. 將每一項指標作排名，這樣所有的資料就簡化成 1 到 12 的名次，處理起來要容易的多。要注意的是，有些指標是數字越大越好，如國民生產毛額（GDP）、股票市場市值等；有些指標是數字越低越好，如扶養率、政府公共債務占 GDP 比重等，在排名上要多加留意。

2. 個別指標的排名完成後，每個國家分別會有九個數字，
代表該國在九項指標的名次，這時將數字加總，就成了
這個國家的指標名次總和。以**表8-4**當中的韓國為例，
人口數在十二個國家中排名第九，扶養率排名第一⋯⋯
以此類推，最後得到韓國九項指標的名次總和為 34。

3. 最後，將十二個國家的名次總和作總排名，總和越低者
排名越高。我們得出了**表8-4**最右邊一欄的總排名結果。

表 8-4　新興十二國九項指標排名（根據表 8-3 整理）

	人口	扶養率	國民生產毛額（GDP）	經常帳佔GDP	公共債務佔GDP	外匯存底	股票市場市值	外人直接投資占GDP（FDI）	競爭力排名IMD國際	總和	總排名
韓國	9	1	2	4	3	1	1	12	1	**34**	**1**
泰國	8	2	7	2	6	2	5	2	2	**36**	**2**
墨西哥	3	7	1	8	5	3	3	6	3	**39**	**3**
印尼	1	6	4	5	2	4	4	8	5	**39**	**3**
奈及利亞	2	12	10	1	1	9	10	3	10	**58**	**5**
土耳其	7	5	3	12	7	5	7	9	4	**59**	**6**
南非	10	8	6	11	4	8	2	11	7	**67**	**7**
菲律賓	4	11	11	3	10	6	8	10	6	**69**	**8**
越南	5	3	12	6	11	12	11	1	10	**71**	**9**
哥倫比亞	11	4	8	10	9	10	6	5	8	**71**	**9**
阿根廷	12	9	5	9	7	7	12	6	9	**74**	**11**
埃及	6	10	9	7	12	12	9	4	10	**81**	**12**

不光是前三名

「好了，這樣子我一眼就看出來，前三名是韓國、泰國、墨西哥，它們最有可能是下一塊金磚。」

從數據上來看是的，但如果只看表面數據，容易忽略可能隱藏在裡面的細節。我們在「處理」數據上面可以用簡化的方式，強化資料的可讀性，但在「解讀」數據上面就要花多一點心思，因此別這麼快下結論。

「那麼，有那些地方要仔細看？」

首先，像埃及、阿根廷，九項指標的排名絕大多數在後二分之一，甚至很多在九名以後，這說明了這二個國家在各項評估標準中，平均而言是落後的，在投資的順位上恐怕得排在後面。這二個國家的問題不光只是在經濟層面，更重要的是政治不確定性會加強干擾經濟成長和社會的穩定。

埃及歷經 2011 年的阿拉伯之春，推翻了前總統穆巴拉克 30 年的獨裁統治，但是無論是後來的軍政府代管或是 2012 年 6 月的民選總統，12 月展開新憲法的公投，始終無法產生穩定的政局，這對於埃及的投資環境和經濟條件的改善沒有任何幫助。在 IMD 國際競爭力的比較中，埃及和奈及利亞、越南並列最差，但奈及利亞有較佳的政府財政和經常帳收支、越南有較佳的人口結構和外人直接投資，埃及在這些方面遠遠不及。

至於阿根廷，有相當良好的經濟發展條件，也是全球的穀倉之一。但最大的問題在於政府治理的心態，阿根廷政府長期無法解決國內惡性通膨問題，官方統計數字失真，無法

墨西哥 Mexico

首都：墨西哥城
人口（百萬人）：117.46
撫養率：52%
GDP（10億美元）：1035.87 ★
經常帳占 GDP：-0.8%
公共債務占 GDP：37.5%
外匯存底（10億美元）：155
股票市場市值（10億美元）：409.4
外人直接投資占 GDP：1.91%
IMD 國際競爭力排名：37

埃及 Egypt

首都：開羅
人口（百萬人）：86.90
撫養率：59%
GDP（10億美元）：218.89
經常帳占 GDP：-2%
公共債務占 GDP：85.7%▼
外匯存底（10億美元）：11 ▼
股票市場市值（10億美元）：58.6
外人直接投資占 GDP：2.92%
IMD 國際競爭力排名：60 ▼

哥倫比亞 Colombia

首都：波哥大
人口（百萬人）：46.25
撫養率：47%
GDP（10億美元）：288.89
經常帳占 GDP：-2.8%
公共債務占 GDP：45.6%
外匯存底（10億美元）：31
股票市場市值（10億美元）：243.8
外人直接投資占 GDP：2.39%
IMD 國際競爭力排名：52

奈及利亞 Nigeria

首都：阿布札
人口（百萬人）：164.25
撫養率：76%▼
GDP（10億美元）：202.52
經常帳占 GDP：6.2%★
公共債務占 GDP：17.6%★
外匯存底（10億美元）：33
股票市場市值（10億美元）：40.0
外人直接投資占 GDP：2.99%
IMD 國際競爭力排名：60 ▼

阿根廷 Argentina

首都：布宜諾艾利斯
人口（百萬人）：43.02 ▼
撫養率：57%
GDP（10億美元）：368.74
經常帳占 GDP：-0.5%
公共債務占 GDP：42.9%
外匯存底（10億美元）：41
股票市場市值（10億美元）：28.4 ▼
外人直接投資占 GDP：1.91%
IMD 國際競爭力排名：54

土耳其 Turkey

首都：安卡拉
人口（百萬人）：81.62
撫養率：47%
GDP（10億美元）：734.37
經常帳占 GDP：-9.9% ▼
公共債務占 GDP：42.4%
外匯存底（10億美元）：79
股票市場市值（10億美元）：224.4
外人直接投資占 GDP：1.24%
IMD 國際競爭力排名：38

韓國 South Korea

首都：首爾
人口（百萬人）：49.04
撫養率：37% ★
GDP（10億美元）：1014.48
經常帳占 GDP：2.4%
公共債務占 GDP：33.3%
外匯存底（10億美元）：311 ★
股票市場市值（10億美元）：974.5 ★
外人直接投資占 GDP：-0.01% ▼
IMD 國際競爭力排名：22 ★

越南 Vietnam

首都：河內
人口（百萬人）：93.42
撫養率：43%
GDP（10億美元）：106.43 ▼
經常帳占 GDP：-0.5%
公共債務占 GDP：57.3%
外匯存底（10億美元）：14 ▼
股票市場市值（10億美元）：39.0
外人直接投資占 GDP：7.52% ★
IMD 國際競爭力排名：60 ▼

菲律賓 Philippines

首都：馬尼拉
人口（百萬人）：107.67
撫養率：62%
GDP（10億美元）：199.59
經常帳占 GDP：2.7%
公共債務占 GDP：49.4%
外匯存底（10億美元）：76
股票市場市值（10億美元）：184.2
外人直接投資占 GDP：0.86%
IMD 國際競爭力排名：43

泰國 Thailand

首都：曼谷
人口（百萬人）：67.79
撫養率：41%
GDP（10億美元）：318.52
經常帳占 GDP：3.4%
公共債務占 GDP：40.5%
外匯存底（10億美元）：168
股票市場市值（10億美元）：289.7
外人直接投資占 GDP：3.04%
IMD 國際競爭力排名：30

印尼 Indonesia

首都：雅加達
人口（百萬人）：253.29 ★
撫養率：48%
GDP（10億美元）：706.56
經常帳占 GDP：0.2%
公共債務占 GDP：24.5%
外匯存底（10億美元）：116
股票市場市值（10億美元）：379.2
外人直接投資占 GDP：1.89%
IMD 國際競爭力排名：42

南非 South Africa

首都：開普敦（立法首都）
人口（百萬人）：48.38
撫養率：53%
GDP（10億美元）：363.91
經常帳占 GDP：-3.3%
公共債務占 GDP：35.6%
外匯存底（10億美元）：41
股票市場市值（10億美元）：463.4
外人直接投資占 GDP：0.34%
IMD 國際競爭力排名：50

圖示解說：★代表新興十二國中同項指標排名第一
　　　　　▼代表新興十二國中同項指標排名最後
資料來源：國際貨幣基金、世界銀行、瑞士洛桑管理學院

取信人民[10]；政策上採取較為封閉的政策，對於外來資金採取較為排斥的態度；金融市場規模無法擴大，股票市場流動性低，國營企業充斥，經濟成長的條件目前並不充裕。

其次，在中段名次的奈及利亞、土耳其、南非、菲律賓、越南、哥倫比亞六國，彼此間的差異性也很大。**奈及利亞**雖然有最佳的經常帳比重，但98%的出口來自於石油，最重要是輸出至美國，產業集中度太高，石油的龐大利益往往成為國內三大種族間內戰的原因。不過美國長期在當地進行了大量了投資，包括基礎建設和金融市場，2003年以後實施民主化機制，經濟正快速向中產階級新興國家前進，為未來成長的重要轉機。相比之下，**土耳其**承受了最差的經常帳赤字，境內庫德族問題也長期影響政治及社會穩定，但其股票市場是歐非中東地區最重要的市場之一，僅次於南非，同時其國際競爭力也是這六個國家當中最好的。2012年6月，信評機構穆迪（Moody's）還調升了其主權債務的信用評等，在近二年歐美國家銀行業普遍遭受降評的環境下更顯突出[11]。

南非是礦業大國，在政治、經濟、法律、教育、通訊、金融等項目上都是非洲最佳的，按照聯合國的分類，南非屬於已開發國家，也有人將它和金磚四國結合，並稱金磚五國。南非最大的問題是過去長期在種族隔離政策之下，社會上仍然存在階級和不平等，即使廢除隔離政策至今將近二十年仍

---

10 阿根廷長期飽受物價膨脹之苦，其中以食物價格上漲最為顯著。但官方數據長期未能反應真實狀況。以2012年11月為例，阿根廷政府公布單季消費者物價指數年增率為9.8%，但所有研究機構都相信，實際上的年增率高達20%以上。

11 2012年6月，Moody's調升土耳其主權債務評等至Ba1級，僅差一級就可列為投資等級。

未能完全消除，這是影響南非整體國力的最大阻礙[12]。此外，南非的基礎建設，尤其是電力發展嚴重落後，城鄉之間的差距也相當明顯。相較於南非，**哥倫比亞**也有傳統上毒品、幫派的社會問題，但是近年來該國的改革相當明顯，尤其是政府與反抗軍在 2012 年 10 月起出現和談的契機，可能結束長達五十年的國內武裝衝突，更加強了該國未來的政治穩定。九項指標中，外人直接投資和股票市場的排名明顯較其他指標好，主因是哥倫比亞政府近年大力開放市場，國營企業民營化，擴大資本市場規模的結果。

菲律賓和越南均屬於東南亞新興國家，從**表 8-4** 指標的排名來看相差無幾，**菲律賓**早年在美國的挹注下，工業化和都市化的時間較早，發展的基礎較好，也具有英語的優勢，但是政治風氣始終是菲律賓發展的最大障礙；**越南**自從開放經濟門戶後，日益受到外資的青睞，在外人直接投資一項最佳。近幾年來中國勞動力成本上升，越南成為許多製造業下一個廉價勞動力的目標，只是越南金融市場尚不發達，政府財政上有過高的負債，外匯存底累積速度太慢，往往在資金大舉移出時無法對金融體系提供有力的支撐。

另外值得一提的是，這六個國家都擁有良好的人口結構，65 歲以上老年人占總人口比重均在 7% 以下，15 歲以下的幼童人口均在總人口的 24% 以上，代表在下一個世代中，老年化不大會是這些國家的問題，相反的，高比例的青壯人口是

12 南非種施隔離政策於 1958 年以法律方式執行，將南非境內人民依種族分為分成白人、黑人、印度人和其他有色人種，目的在保護白人在南非的政經權力，防止非白人族群（即使是居住在南非白人區）得到投票權或影響力。在種族隔離政策下，占多數的南非黑人、印度人和其他非白人種在居住、工作、投票、通婚上遭受極不公平的待遇，南非也因此長期受到國際間的輿論批判和貿易制裁，直到 1994 年立法廢除。

209

這些國家未來成長的最大本錢（見**表 8-5**）。

「原來這些國家各有優缺點，要從中挑出最好的還真不容易。」

是的，數字只能表示其中一部分，要真正了解一個國家，還得認識它的歷史、社會和文化背景才行。

「那前四名的國家呢？應該都很不錯吧！」

前四名**韓國**、**泰國**、**墨西哥**和**印尼**，在九項指標排名上相當平均，大部分的名次都在前二分之一，平均名次在 3.8 至 4.3 之間。其中泰國、墨西哥、印尼三國各項指標的排名最差不低於第八名，表示整體表現沒有太大的落差。總體而言，前四名國家明顯較後八名國家好（見**圖 8-2**）。

這四個國家有如此接近的評比結果，我認為是因為有一些共同的特性存在：

首先這四個國家都**擁有強大的出口能力**：泰國的農業、石化、電子零組件，印尼的原物料、輕工業、製造業，墨西哥的汽車、電子、機械、製造業，韓國的電子、鋼鐵、汽車、化工，都是全世界重要的出口來源，是全球出口最重要的力量。

其次，這四個國家均**位於主要經濟體旁，可以分享主要經濟體的規模及成長**。墨西哥是美國重要的製造業基地，出口有將近 80% 運往美國，同時也輸出龐大的勞動力；韓國、印尼、泰國接近中國，能夠提供中國快速成長所需的產品，印尼的棕櫚油、鎳、鋁、煤礦，泰國的稻米、水果、石化產品，韓國的電子產品、汽車、鋼鐵、船舶，都大量輸出至中國，中國也是這三個國家最大的出口市場。

第三，這四個國家除了**緊鄰主要經濟體外，尚依附著另一個經濟區域，成為成長的另一塊動能**，並且提供了主要經濟體

表 8-5　新興十二國老年人口及幼童人口占總人口比重

	65 歲以上人口比％	15 歲以下人口比％
奈及利亞	3.2	40.0
菲律賓	4.5	33.7
埃及	5.0	32.1
南非	6.3	28.3
墨西哥	7.1	27.0
印尼	6.4	26.1
土耳其	6.7	25.5
哥倫比亞	6.7	25.3
阿根廷	11.4	24.9
越南	5.7	24.3
泰國	10.1	19.0
韓國	12.7	14.1

資料來源：聯合國（2010），彭博資訊

圖 8-2　新興十二國九項指標評比名次分布

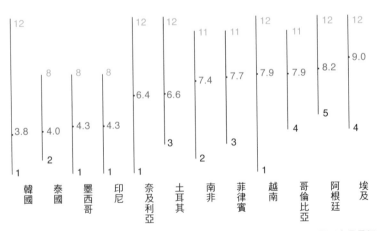

註：每個國家的分布線上有三個數字，最上方是九項指標中最差的名次，最下方是最好
　　名次，中間紅色字體為平均名次

成長減速的緩衝。墨西哥加入了拉丁美洲一體化[13]的架構，也是拉美國家共同體的成員，共享拉丁美洲的貿易和經濟發展的利益；韓國屬於東北亞貿易圈，東有日本這個全球第三大經濟體；泰國、印尼屬於東南亞經濟圈，本身已自成一個經濟個體。況且韓國、泰國、印尼同為東亞自由貿易區[14]的會員國，彼此間的貿易往來和經濟合作更為緊密。

最後，這四個國家在過去二十年間，分別經歷過幾乎造成國家破產的金融危機。1994 年的墨西哥龍舌蘭危機[15]，1997 年的亞洲金融風暴，更讓韓國、泰國、印尼接受國際貨幣基金的紓困[16]。金融危機雖然造成國家的重創，卻也為這些國家打開了重生的大門，經濟體質和金融體系的重建，反而使得這些國家揚棄過去的宿疾，重拾成長的動力。

「我懂了，大破之後才能大立。」

我們可能很難找到下一個擁有金磚四國一樣條件的新興大國，但是我們正在經歷一個歷史的轉變，那就是標榜已開

---

13 拉丁美洲一體化協會（Latin America Integration Association, LAIA）1981 年成立，為拉丁美洲國家貿易化的組織，以擴大會員國間的貿易及經濟合作為主旨，最終目的在建立拉美共同市場。

14 東亞自由貿易區是東南亞國協（ASEAN）和中國、日本、韓國共十三個國家組成的自由貿易區域，也就是所謂的「東協加三」。

15 墨西哥 1988 年薩利那斯總統上台後，採取一連串的經濟開放和金融改革，將墨西哥彼索釘住美元，降低通貨膨脹，同時開放外資。初期相當成功，然而貨幣釘住美元影響了出口競爭力，貿易出現逆差，外資不斷流入進行短期投資炒作股市和房地產。墨西哥政府初期為維持匯率在外匯市場干預，造成外匯底流失，1994 年 12 月 19 日墨西哥政府突然宣布貨幣兌美元貶值 15%，引發外資棄守大舉外逃，三天之內彼索貶值幅度高達 42%。後來將此危機冠上墨西哥當地著名的龍舌蘭酒（Tequila）之名，稱為龍舌蘭危機。

16 1997 年由泰國貨幣貶值引發的亞洲金融危機，其成因與墨西哥龍舌蘭危機幾乎如出一轍，所造成的影響更為巨大。不但泰國本身，韓國、印尼也遭受貨幣大幅貶值、銀行倒閉、資金流出的災難，後來這三個國家分別接受國際貨幣基金的紓困援助。

發市場的國家正走向成長停滯，而新興經濟體正在擺脫過去
的依附性格，跨出持續成長的一步。對於未來，我們仍應該
保持樂觀，因為會不斷出現下一塊金磚，為全球的持續進步
帶來希望。

◀ 參考資料

1. Jim O'Neill, "Dreaming with BRICs: The Path to 2050," Global Economics Paper No: 99, Goldman Sachs, October 3, 2003.
2. Dominic Wilson and Anna Stupnytska, "The N-11: More Than an Acronym," Global Economics Paper No:153, Goldman Sachs, March 28, 2007.
3. Jim O'Neill and Anna Stupnytska, "The Long-Term Outlook for the BRICs and N-11 Post Crisis," Global Economics Paper No: 192, Goldman Sachs, December 4, 2009.
4. Jim O'Neill and team, "Financial Development Across the N-11," Global Economics Weekly, Goldman Sachs, June 2, 2010.
5. Dominic Wilson and team, "The BRICs 10 Years on: Halfway Through the Great Transformation," Global Economics Paper No: 208, Goldman Sachs, December 7, 2011.
6. Marko Papic, Santiago Gomez and Robert Reinfrank, "Special Report: Geopolitical Strategic Outlook 2012," BCA Research, January 27, 2012.
7. Stephen King, "The Southern Silk Road," Global Economics, HSBC Global Research, June 2011.
8. Karen Ward, "The World in 2050: Quantifying the Shift in the Global Economy", Global Economics, HSBC Global Research, January 2011.
9. Karen Ward, "The World in 2050: From the Top 30 to the Top 100," Global Economics, HSBC Global Research, January 2012.
10. Angus Maddison, "The World Economy: A Millennial Perspective," OECD, 2001
11. IMF, "World Economic Outlook," April 2012.
12. IMD, "The World Competitiveness Scoreboard 2012," May 31, 2012.
13. 盧倩儀，「影響土耳其政府與境內庫德族關係之國際因素」，問題與研究第 49 卷第 2 期（2010 年 6 月）。
14. 朱雲漢，金磚不只四國（台北：高寶出版，2006）。
15. 吉姆歐尼爾（Jim O'Neill），The Growth Map:Economic Opportunity in the BRICs and Beyond，齊若蘭、洪慧芳譯，高成長八國：金磚四國與他經濟體的新機會（台北市：天下文化，2012 年 4 月）。

策略篇

台灣新世代
的機會

走筆至此，驚覺自己已經進入中生代！要我寫一點對新世代的建議，我腦中想的卻是代溝：

- 我們小學才開始學注音符號，國一才開始學 KK 音標；這個世代還沒進小學就可以跟外國人交談。
- 我們上大學才擁有第一台電腦，當完兵才第一次出國開眼界；這個世代六歲會上網、玩 iPad，十歲可能已經去過十個國家。
- 我們為了三級棒球揚威國際，中華隊在瓊斯盃打敗韓國而狂熱；這個世代從小就知道王建民在國民隊、陳偉殷在金鶯隊、林書豪在火箭隊、曾雅妮是女子高球世界冠軍。

這個世代，眼界比較早開，目標比較遠大。

投資，是一個強調「過去績效，不代表未來獲利」的環境。面對跟我有點近，卻感覺有點遠的新世代，我想問的是：「過去美好的生活，能不能代表美好的未來」？

你有能力維持過去美好的生活嗎？

從金融投資的角度，我嘗試給一些想法和建議，聰明如你們，一定可以從當中找到自己的路。

這是魚竿，不是魚。

9 正視自身需求，做好資產配置

商業的本質是逐利的，一旦有適當的利潤，資本就膽大起來。
如果有 10% 利潤，它就保證到處被用；有 20% 的利潤，它就活躍起來；
有 50% 的利潤，它就鋌而走險；為了 100% 的利潤，
它就敢踐踏一切人間法律；有 300% 的利潤，它就敢犯任何罪行。

——恩格斯

「你前面談的危機、趨勢，好像有些道理，可是對我來
說只是多知道些事情而已。」

呵呵，知識無價啊！如果要你自己花心力了解這些東西，
那得要多少時間？

「對啦，可是，能不能有些實質幫助？」

你說的實質幫助是？

「就是投資啊！有那些地方可以投資？」

我知道你的意思。在回答你這個問題之前，我想先問一
個問題：你為什麼要投資？

「你是明知故問吧！投資，當然是因為要賺錢啊！」

投資行為的本質

多數人對於投資的概念，是平時接收各種訊息、資料、
分析和建議，像全球經濟環境的變化、政府政策的制訂、公
司獲利和營收的調整，或是技術線型的判讀，不斷研究和分

析，然後作出投資買賣決定。因此，買那些、賣那些往往成為一種心理上的反射行為，作任何的買賣決定的目的，都是為了獲利。長久下來，反而忘記了投資行為的本質。

「什麼是投資行為的本質？」

我認為投資行為有二項重要的本質[1]。我剛剛問過了其中一項，你為什麼要投資？你可以給我幾個理由嗎？

「你還覺得這是問題啊！好吧。嗯，因為我要存錢買房子。」

好答案！正確的說，**投資行為的第一項本質是投資目標**。除了買房是很多人的目標之外，也有些人是因為要存留學基金、遊學基金、子女教育基金、出國旅遊基金、或是更長遠的目標：儲存退休基金等等[2]。

「那當然了，每個人的目標不同嘛。」

不僅如此，在後金融海嘯時代，低利率已成為常態，在「萬物齊漲，唯獨薪水不漲」的環境下，**投資已快要成為生存的必備技能**。

「所以啦，我才問要投資什麼會賺錢。」

不要急，投資行為還有第二項本質，在我看起來，第二項本質比第一項還來得重要。在沒有弄清楚之前，別急著把辛苦錢拿出去。

「什麼是第二項本質？」

投資行為的第二項本質是風險偏好。我再問你第二個問題：你認為你是個什麼樣的投資人？是積極型？穩健型？還

---

1 這裡說的投資行為是指金融市場的投資行為，投入有形的金融資產，獲得未來的資產價值上漲的報酬。無形資產如人力資本、專利權等投資不在此處討論。

2 讀者在此也可以問問自己，無論是投資資產、基金、黃金或是定存，投資的目的是什麼？

是保守型 3 ？

「嗯……穩健型吧。」

這個問題比較難回答了吧！我問一個好回答的問題吧：什麼叫做風險？

「這個簡單多了。風險，就是賠錢啦！」

抽象的「風險」，具體的「虧損」

「風險」是相當抽象，但是又具體存在的事物。在日常生活中，發生疾病、傷痛、人生低潮的可能就是風險；在投資行為下，發生虧損的可能也是風險。

「發生虧損，那就是賠錢，那就是風險！」

我說明白一點好了。**「發生虧損」是已發生的事實，不是風險；「發生虧損的可能」是不確定性，才是風險。**這是投資上的基本認知，一定要分清楚。

我們看到太多太多的投資人，在投資基金、股票、債券發生巨大損失時，會總結一句：「投資真是一件高風險的事！」把虧損多寡和風險高低放在同一個標準衡量，會造成投資行為上許多盲點。

「這、這我有點不懂了，不是因為有風險，才會發生虧損嗎？」

等一下！你不小心又把它們混淆了。「風險＝發生虧損的可能」，但並沒有實際發生虧損。實際發生虧損是因為那些被預想到事情，甚至一些想都沒想到的事情真的發生了，造成價格下跌，低於當初投入的成本，這時已經不是風險了。

「這樣說我有點了解了，像我是個穩健型的投資人，就

　3 讀者也可以再問問自己，是屬於那一種風險偏好的投資人？

圖 9-1　資產價格走勢圖比較

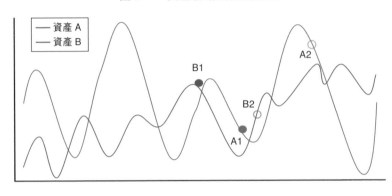

不大會去投資風險性高的資產。讓風險，喔，不，讓『發生虧損的可能』低一點。」

　　沒有人喜歡虧損，但這並不代表高風險的資產沒有人買，低風險的資產不會賠錢。所謂「資產的風險高低」都是事後我們看價格走勢得出來的結論，而價格是每天都在變化。在下一個交易日沒有收盤前，沒有人敢說高風險資產賠錢的可能性一定高，或是低風險資產一定穩賺不賠。在我看來，有時候高風險資產的虧損機會反而比低風險資產來得低。

　　「這我又不懂了。」

　　我用一個例子說明你就清楚了。

　　圖9-1有A和B二種資產，價格都是0至100元之間起伏，你可不可以告訴我那一種資產的風險比較低？

　　「這容易，當然是B的風險比較低。」

　　從價格波動程度來看，資產B的風險是比較低。你剛才說你是個穩健型的投資人，所以資產A和資產B之間，你會選擇？

　　「那當然是B了。」

　　看起來是。不過，當我們加入投資行為後，情況可能會有點不一樣。比方說。如果在 A1 點買進 A 股，在 B1 點買進 B 股，那一個投資行為的風險較低？

　　「……好像 A 的風險變低了。」

　　資產 A 的風險其實完全沒有變化，整體來說，它「發生虧損的可能性」還是比資產 B 要高。但是投資行為會導致 A1 點的「發生虧損的可能性」比 B1 點來得小。說穿了，波動性再大的資產，價格總還是有起伏，只要行為上加以控制，波動大的資產也會有很高的獲利可能。像圖 9-1 中的資產 A，如果在 A1 點買進，A2 點賣出獲利出場，我想很少人會認為這是有風險的投資；但如果像圖 9-1 中的資產 B，在 B1 點買進，B2 點賣出認賠出場，就會被認為是有風險的投資。即使資產 B 的價格波動要比資產 A 低得多。

　　「我懂了，風險高低不光是資產本身，買賣時機也占了一部分。」

　　對了。總括來說，**資產本身的價格波動只說明了該資產的特性，買賣時機其實才是該筆投資是屬於高風險或低風險的重要原因**。如果在相對高價位買進，即使低風險資產也有高風險的價格損失；如果在相對低檔買進，高風險資產的價格損失也很有限。

　　好了，現在你對風險已經有了不一樣的認識，讓我再回頭問先前一個問題：像你這樣的穩健型投資人，在資產 A 和資產 B 之間，你會選擇那一個？

　　「……」

　　同樣的，每個人都可以問自己，不管是保守型的投資人，或是積極型的投資人，會選擇那一個？

你真的是穩健型的投資人嗎？

「你剛剛說的我都懂了，但是我是一個穩健型的投資人，到底該怎麼選投資產品啊？」

我們一般看到投資風險的區分都是以**產品**作分類標準，好比股票型基金比債券型基金波動大，單一國家基金比區域型基金來得更加震盪；同樣投資債券，高收益債券相對公債而言就代表了高風險等等。這種方法，將不同型態的產品依照價格波動幅度不同，用「積極－穩健－保守」區分，能夠輕易地分別產品間的特性，就算是投資組合的建議，也是用類似的觀念去配置（見**表9-1**）。

表9-1 常見的投資產品依風險屬性區分

	股票型	債券型	投資組合
積極型	單一國家 單一產業 新興市場類	高收益債券 垃圾債券	高風險投資組合
穩健型	區域型 歐美成熟國家	投資等級債券	中度風險投資組合
保守型	全球型	公債類 （如美國公債）	低風險投資組合

「這樣分法，錯了嗎？」

並沒有錯，從每一種投資產品的價格表現來看，這是簡單有效的區分。但是，接下來的動作就有待商榷了。

「怎麼了？」

就是我一再問你的問題：「你認為你是個什麼樣的投資人？」剛才你說你是穩健型的。

「所以呢？」

所以你只能從**表 9-1** 當中，選擇投資區域型股票、投資等級債券，還有中度風險的投資組合？

「當然不是了。」

絕對不是。前面**圖 9-1** 告訴我們，資產 A 的價格波動絕對比資產 B 來得大，但並不表示資產 A 只適合積極型的投資人。前面已經說明，投資時點才是決定虧損可能性，也就是風險的最大因素。因此，**產品和投資人並不是一對一的關係，任何一種產品都可以讓不同風險屬性的投資人參與。**

「不大懂。」

我再拿一個例子來說明，你就更了解了 [4]。

圖 9-2 是 MSCI 全球新興市場指數走勢，如果按照產品的風險分類，新興市場大多會被歸類為**積極型**的類別，不大可能會推薦給保守型的投資人。不過，從前面的說明中，我們已經建立了一個觀念：**投資人之間的風險屬性，往往在於他們投資時點的差異，而不是產品本身。**因此，從這個例子中，我們同樣可以找到積極型、穩健型以及保守型投資人的投資方式 [5]。

如果三種投資人都有設定停利點，也就是達到預定報酬就實現獲利。例如積極型投資人設定 30%，穩健型投資人設定 20%，保守型投資人設定 10%，他們有可能都在 z1 點附近實現獲利。

「我又懂了。投資人是人，跟投資產品不一樣！」

你真的了解了！雖然都稱作「積極、穩健、保守」，但**投資產品的「積極、穩健、保守」是指價格波動，投資人的「積**

[4] 此處的例子和本章後面的範例，都是為了解釋投資目標和行為，沒有討論如何選擇投資產品，也不涉及推薦。投資產品的選擇是另一個專門的課題，此處不擬討論。

[5] 此處所描寫的投資行為，是說明不同風險屬性投資人面對同一產品的不同反應，並非唯一的作法，也不是操作方式的建議。

圖 9-2　MSCI 全球新興市場指數（2007 年 6 月至 2012 年 6 月）

資料來源：彭博資訊

屬性	布局點	說明
積極型	a1	能夠在價格下跌時承接，雖然未來還有可能再跌，但是相信價格終究會反彈，寧願承受短時間進一步的下跌風險。這種「接刀子」型的投資人，可能會在 a1 點開始布局，而且有可能向下攤平。
穩健型	b1	價格已經反彈，並且走出一波初升段行情，底部已經確立時考慮進場。此時景氣出現復甦，下檔風險大幅減少，甚至有可能漲回起跌點，這一段的獲利雖然不如積極型投資人豐厚，但下檔風險的機率已經低很多，這種類型的投資人可能會選擇在 b1 點布局。
保守型	c1	價格幾乎已漲回起跌點，景氣已經進入擴張期，股市呈現緩漲，接下來的漲勢多寡將反應景氣復甦的長短。在前面價格下跌及反彈過程中遲遲未能進場的投資人，可能會從 c1 點開始進場，賺取景氣擴張利潤。

極、穩健、保守」卻是投資行為。這二個不同的觀念，卻用了相同的名詞，很多人因而把它們混淆了。以為積極型的投資人，就適合積極型的投資產品；保守型的投資人，就適合保守型的投資產品。可是你剛才自己也知道，你不可能只適合所謂「穩健型」的投資產品。

「嘿嘿，這倒是。不過這個例子好像太完美了，那有投資不賠錢的？」

你說的沒錯，我先拿一個買進後賺錢的例子，說明不同風險屬性的投資人，其實是可以投資同一種產品。如果要談賠錢的例子也可以：

圖 9-3　香港恆生中國企業指數（2009 年 8 月至 2012 年 6 月）

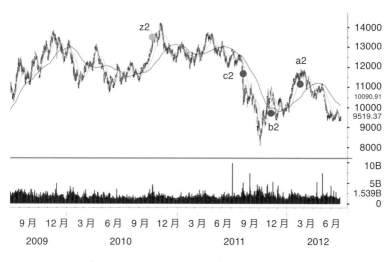

屬性	出場點	說明
積極型	a2	此類投資人相信波動高的投資產品下跌後終將反彈，因此不會選擇在虧損擴大時認賠，反而有可能在下跌過程中向下承接，壓低持有成本，等到市場反彈的 a2 點再行出場，讓虧損減少甚至有可能獲利。
穩健型	c2 ～ b2	面臨這種急挫的走勢，穩健型投資人的行為比較不穩定，他們有可能在 c2 點之後，價格出現更大損失時認賠；有些人可能會向下攤平，等到觸底反彈時出場；也有可能一直持有，等到股價回升，損失縮小時賣出。不論那一種，出場大致是在 c2~b2 之間。
保守型	c2	價格在整理後跌破盤整區，可能會進一步下跌，此時停損的行動將使保守型投資人在 c2 點就停損出場。

　　圖 9-3 是香港恆生中國企業指數走勢，同樣的，這個指數在產品的風險分類上也會被歸類為積極型。但我們已經有了前面的例子，這樣的商品也可以適合不同風險屬性的投資人。假設大家都在價位相對高的 z2 點買進，經過一段時間的盤整後開始下跌。

　　「嗯，這樣我算是全懂了。如果我是一個穩健型的投資人，投資行為最好就像 b1 和 b2 一樣。」

　　其實沒有那麼制式。你當然也可以在 a1 點買進，c2 點出場，**問題不在於限定你自己是那一類的投資人，而在於當你作出一個決定時，是清楚自己是處於那一種行為模式。**你可以開始問問自己，過去的投資行為、買賣進出，是不是真符合自己所認為穩健型投資人。

　　許多投資人在投資行為上往往極易受市場消息及氣氛的影響。在買進的時候像是積極型投資人，在市場下跌時勇敢進場（如圖 9-2 的 a1 點），然而如果價格繼續下跌就早早停損出場（如圖 9-3 的 c2 點），反而像是保守型投資人；但更多的人在市場已漲一大段以後才買進，像個保守型投資人（如圖 9-2 的 c1 點），卻期望能有積極型的報酬。結果往往該停利的時候未能獲利出場（如圖 9-2 的 z1 點），下跌後又未能及時停損（如圖 9-3 的 c2 點），最後往往在受不了持續的虧損，賣出在相對低的價位（如圖 9-3 的 b2 點）。

　　請注意，買進賣出本身沒有對錯，積極型的投資人並不必然一定比保守型投資人來得賺錢。買低賣高獲利出場固然值得恭喜，不小心虧損了可能是運氣不好，但是不了解自己的投資行為模式，對市場每天如過江之鯽的各種消息投入過

深，今天是保守型、明天變為積極型、過二天又認為自己是穩健型。長久下來，必然將成為投資的致命傷。

我的朋友，請問你還認為你真的是穩健型的投資人嗎[6]？

◎ 你真的「只」是穩健型的投資人嗎？

「原來要知道自己是什麼樣的投資人真的很難。」

投資本來就是人性的試煉，而人性本來就是難以捉摸的。我認為沒有難不難的問題，也不用急著去把自己歸類，而應該承認自己的投資行為確實會因內外在環境干擾而變動，這是人性，難以避免，重要的是控制。

現在我們有了風險偏好的新概念，回頭來看本章一開始提到投資行為的第一項本質時，就會有更多的體會。投資行為的變動是正常的、人性的行為，不需要太過苛責。

「你剛才說投資行為的第一項本質是投資目標，第二項本質是風險偏好，這二個有什麼關係？」

確實有關，而且大有關連。我們先從次頁三張圖看起：

「這三張圖有什麼意義？」

無論從那張圖來看，S&P 500 指數的波動性都不算小，波動性大的好處是有比較高的獲利可能，但一不小心也會面臨巨額損失。如果有一個中長期的投資目標要達成，本金又不是太充裕，選擇這種波動性高的產品，加上適當的投資行為，達成目標的機率就會提高。

「我還是沒弄懂，這跟風險偏好有什麼關係？」

你別忘了，投資行為就代表了風險偏好，而我們設定的投

---

6 此處以穩健型投資人為一例，讀者當然可以用同樣的問題思考積極型和保守型。

資目標足以影響執行投資時的行為。我用幾個例子來說明吧：

假設一個上班族，每個月打算存 5000 元投資，三年後想

圖9-4　美國S&P 500指數近三年走勢（2009年6月至2012年6月）

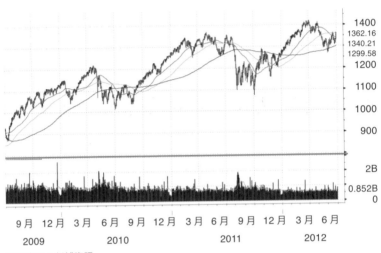

9月　12月　3月　6月　9月　12月　3月　6月　9月　12月　3月　6月

2009　　　　　　2010　　　　　　2011　　　　　　2012

資料來源：彭博資訊

圖9-5　美國S&P 500指數近五年走勢（2007年6月至2012年6月）

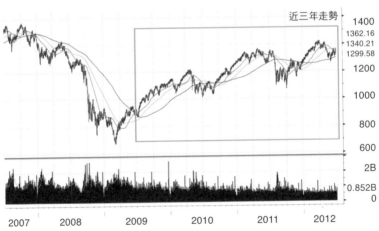

2007　　2008　　2009　　2010　　2011　　2012

資料來源：彭博資訊

圖 9-6　美國 S&P 500 指數近十年走勢（2002 年 6 月至 2012 年 6 月）

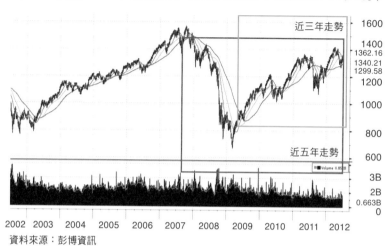

資料來源：彭博資訊

累積 25 至 30 萬元出國遊學。這筆相當於年複合報酬率[7] 20.4% 至 31.2% 的投資規劃[8]，得具備相當高的投資靈敏度，除了得選擇波動性大一些的產品，創造較高的獲利可能之外，投資行為上也得有所控制。

「要控制什麼？」

比如說要控制自己不要去追逐當紅的、已上漲許多的產品；控制自己能夠在價格下跌時勇於扣款，將成本壓低；更重要的，是在價格上漲，尤其是大漲階段，能夠有勇氣陸續出脫獲利了結。轉換另一個標的，或是等待下一次的下跌機會。

「也就是說，操作模式要像一個積極型，至少是穩健型投資人的模式囉？」

7 所謂年複合報酬率，其實就是一般說的複利率，用（本金＋利息）再投入，利滾利的方式達到最終本利和的利率。

8 計算每月投入 5000 元，三年後本息共 25 至 30 萬元時，年複合報酬率在 20.4% 至 31.2% 之間。讀者可運用 Excel 軟體的公式輔助試算，在此不作詳細介紹。

可以這麼說。除了達成高報酬率本身就有難度之外，僅三年的時間壓力也讓人在投資行為上不得不作出較為積極靈敏的選擇。老實說，**時間往往是影響投資行為的主要因素，**當你選擇了短時間的績效壓力，往往也代表必須花更多心力在產品選擇、買進賣出的交易決定上。因此，如果不是非不得已，或是對自己的時間規劃和選股功力很有信心，**一般儘量避免過短、報酬率過高的投資目標。**

「所以如果沒有把握有那麼高的操作功力，時間就得拉長？」

是的。時間拉長除了會創造額外的本金累積，在同樣的投資目標下（如本例的 25 至 30 萬元），要求的報酬率也會降低，這樣操作的難度和壓力都會減輕。像這個例子，如果每月維持 5000 元投資，時間拉長為四年，較原先的規劃多一年，本金多累積了 6 萬元[9]，要達成同樣 25 至 30 萬元的目標，年複合報酬率會大幅降為 2% 至 10.7%。

我們往往希望大家在投資前先思考自己的投資行為，作出投資目標規劃，這樣成功的機會才會提高。好了，說到時間拉長的投資，我們用你剛才說的投資目標當作例子吧。

回想一下你剛才提到的投資目標是買房，假設你手中有 50 萬元，希望在五年後存到購房頭期款 100 萬元，這相當於年複合 15% 的報酬[10]，以現在的低利率環境衡量，這樣的報酬率也算是相當高了，因此一開始的產品上，最好選擇波動度較高的。另外，投資行為上特別注意。

「注意什麼？」

和前面定時定額在遊學費用的例子不同的是，這個例子

9 5000×12=60000 元。

沒有穩定、持續的資金投入，只有一筆最初的本金，但是面臨的是高波動性的產品，**這筆本金是禁不起大賠的**。而且，假設五年後買房是一件必須完成的目標，也就是說五年後必須得到這 100 萬，投資行為就必須因為這樣的目標作調整。在執行這個投資的過程中，**「停損停利」就成為必修的課題**，而且，在這種「禁不起大賠」的前提下，**「停損」往往較「停利」更為重要**。

「那該怎麼作？」

首先，尋找價格在低檔，或者是剛回升的投資產品，比起追逐已經高價、過熱的產品，下檔風險就比較小。

「那是積極型或穩健型的作法。」

對。但是這類產品也不是絕對安全，在停損的態度上，最好像個保守型投資人，達到停損標準就賣出。記住，**我們的投資目標是優先於對產品本身的好惡**，在這樣的標準下，再好的產品一旦損失到預定的程度也要開始出脫。

「可是，有時候要下決心停損真的很難。」

你說得對。要承認決策錯誤的確不容易，把錯誤化為真實的虧損更是困難，這是人性，這時候需要用一些方法去化解人性的關卡。

舉例來說，雖然這個例子中只有一筆 50 萬元的資金，但是實際上你大可以把這筆資金拆成好幾筆，分批買進及賣出。很多投資書籍都介紹過，像是買進依照「1-2-3-4」、賣出依照「4-3-2-1」；或是「3-3-4」買進、「4-3-3」賣出等等 [11]，這種作法可以取代部分的停損機制，讓整個投資行為專注在停利上面。記住，不論是向下進場攤平還是向上獲利了結，**風險**

10 以 50 萬 ×$(1 + r)^5$=100 萬，r=〔 $(100/50)^{(1/5)} - 1$ 〕估算出 r ≒ 15%。

分散是原則，方法可以依照個人習慣和偏好。

「那時間如果更長呢？我總可以是個穩健型投資人了吧。」

呵呵，你還真是從一而終。不過，從前面二個例子當中應該不難發現，即使你想當個穩健型的投資人，在種種條件的限制下，像是時間的壓力、本金的多寡、目標的高低，足以影響你的行為。到時如果還堅持當一個穩健型的投資人，效果可能會適得其反。

我們再舉一個更長期的例子：假設十年後要為子女上大學籌措教育基金，目標是 100 萬元，目前手上有 10 萬元，且打算每個月固定投資 3000 元。我們同樣假設這十年後的 100 萬也是一個必須得到的一筆資金，這樣的投資目標相當於年複合報酬率 11.6% 的計劃[12]。

「我來說說看怎麼做。嗯，單筆的部分就像前面五年計劃一樣，分成幾筆投資，然後設好停利點；定時定額部分，就像第一個三年計劃一樣，找低檔勇於扣款，然後在大漲時獲利了結。」

呵呵，你學得真快。大致上不差，只是有幾個細節要注意：

1. 由於是長時間的投資，**定時定額的部分有比較充裕的時間有效降低成本**，因此在初期心態上可以積極一點，在停損停利點的設定可以提高容忍度。比方說一般的停損停利設定在 15 至 20%，此時可以設在 25%，甚

---

11 「1-2-3-4」買進是指將 100% 的資金，「10%-20%-30%-40%」分批買進，同理，賣出則是依「40%-30%-20%-10%」的順序。至於「3-3-4」則是指比例為「30%-30%-40%」，其他同理可得。

12 計算起初本金有 10 萬元，每月再投入 3000 元，十年後本息共 100 萬元時，年複合報酬率在 11.6% 左右。

至更高，以提高向下攤平成本的機會，獲取未來回升的更大利潤。

2. 十年後的 100 萬是必須達到的目標，停利的部分必須確實執行。有資金在手上，不怕找不到好的投資產品。就怕遇到的狀況是：**價格來到低點，市場極度悲觀，手中卻沒有資金可用。**

3. **越接近到期日，投資行為應越保守。**這不光是指該把資金逐漸移往風險性低的資產，更是在停損停利的設定上，期初較高的容忍度在中後期不再適用，比如調回到 15 至 20%，甚至 10%。

「和前面二個例子相比，11.6% 這個報酬率算是比較低的，會不會比較容易達到？」

並不一定。「三年平均 20% 年報酬率」雖然不容易，但是「五年平均 15% 年報酬率」恐怕更難、「十年平均 10% 年報酬率」更需要細膩的操作。**短期間的績效可以依靠一波景氣回升達到，但長時間的獲利就必須經過「成長－衰退」循環的試煉了。報酬率的高低以及投入本金多少和時間長短有絕對關係**，這裡只是個例子，目的在說明這樣的投資目標下的投資行為。當然你可以根據自己的情況調整，比方說手中沒有本金，但每個月可以投資 4000 元；或是同樣本金 10 萬，每月投資 3000 元，但時間拉長到十五年，目標也提高到 150 萬。你可以思考一下投資行為會有什麼改變。

「我懂了，就像你前面說的，這是魚竿，不是魚。」

我相信你已經開始了解，像你、像我一般的投資人，不

可能只屬於某一種投資屬性的。因為投資目標不同，投資時間長短不一，投入資金多寡各異，我們的投資行為一定會因此而調整。況且更有可能的是，同時間會有不同的投資目標要執行，例如三年後結婚、五年後買房、二十年後子女準備上大學。一個人怎麼可能只有一種投資屬性去應付這些不同的目標？

　　本章沒有告訴你任何一種指標，透露任何一種絕學，甚至推薦任何一種產品，但是希望透過思考投資行為，重新認識自己。我認為，這比什麼魔法秘技都重要。

　　註：本章所提及有關於積極、穩健、保守型投資人的行為和範例，是陳述彼此間的行為差異，並據以說明投資時點是風險主要來源的觀念，並不是對其行為作絕對的描述或示範操作。不同投資人之間當然會有所差異，讀者不應以此當作日後操作準則和依據。

10 及早開始面對退休

智者是從別人的失敗中學到經驗，
愚者只能從自己的失敗記取教訓。

——富蘭克林

「你前面說的風險偏好啦，每個人不只一種風險屬性啦，產品的風險和人的風險大不相同啦，概念我都懂了。可是我還有一個問題。」

什麼問題？

「這些投資行為的前提都得要有個投資目標，好比買房、子女教育、結婚、留學等等。可是萬一我沒有這方面的需求呢？」

你的意思是不需要為這些事計劃，好比父母已經留了一戶房子給你；你沒有打算結婚，或是沒有打算生兒育女；也沒有出國留學或旅遊的動力。只要有一份工作，養活自己就夠了？

「是啊，難道沒有這些需求，就不用作投資規劃了嗎？聽起來有點怪。」

當然不是，你還是得要有屬於自己的投資規劃，就算再保守也要。

「為什麼？」

你總有一天會不工作了吧！

退休 每個人都得面臨的一刻

如果你已經是家財萬貫，不論是有豐厚的祖產繼承、靠著經商致富、還是以卓越的眼光投資成功，以致下半輩子已經不用為錢傷腦筋，我勸你趕快把書收起來，去過你自己想要過的生活吧！如果不是，恐怕你還得繼續看下去。

一個人可以抱緊獨身主義，一個人吃完全家飽；也可以不考慮買房，這年頭長期租屋的大有人在。在一個經濟已經發展到相當程度的地方，只要不要太懈怠，靠一份工作養活自己，其實並不會太困難。我們身邊也不乏沒有太多欲望，簡單生活即可的人，好比說在台北市，一個月花費新台幣 1 萬元生活，雖然不太容易，但也不是不可能。

可是，當有一天，你不工作了，怎麼辦？

不工作的原因很多，「賺夠多了」是最好的一種，在這裡就不去談它了。另外一種可能，是「無法工作」了，像是生病、傷害等原因，這時候各種醫療保險，像是全民健保，以及民間保險公司的各式保單就發揮作用了。最後一種，也是本章要談的重點，就是退休。

你只要有工作，不管是當老闆管理員工，還是當員工被老闆管，都會有退休的一天。現在正值青壯年的人，當然離這一天還很遠，但是你可以想像一下：當退休後的第一天早上醒來，你可能還是會花點錢去填飽肚子，開著車去兜風，

在海邊啜飲咖啡欣賞海景；或是規劃去學點什麼，去那些想了很久，但一直沒成行的地方。

這些計劃可以一直進行著，但是到了月底，戶頭裡已經不再有薪水入帳，你心裡會是什麼感覺？

從職場上退休，是每個人都會面臨的，並不值得擔心。我們要擔心的是，是**從職場上退休開始，到從人生舞台上退休之間，會不會過得不夠精彩。**

過去的議題，今日的大問題

在我們父執那一輩的職業生涯中，或許經濟並不寬裕，或許生活壓力存在，「退休」是個議題，但不是最重要的。因為**在經濟成長的年代中，「資產累積」的重要性大過於「資產保護」**，因此我們可以看到經濟成長動輒 8%、10%，股市上萬點，房地產價格狂飆，只要資產在「累積」，自然就沒有「保護」的問題。30 歲以上的讀者，應該依稀記得一、二十年前銀行利率水準在 8% 以上的日子[1]。當時 100 萬元的存款，每年有 8 萬元的利息，放在銀行利滾利，九年就可以翻倍[2]。現在的利率水準是當時的八分之一，僅 1%，要利用存款利息翻倍，時間得延長為不可思議的七十年[3]！

台灣利率水準近十年來長期維持在 2% 以下，2% 以上的期間不到四年（2005 年 9 月至 2008 年 12 月），其中更只有一年半在 3% 以上（2007 年 3 月至 2008 年 9 月）。和過去

---

1 1992 年 6 月，中央銀行的基準利率為 6.13%，一般銀行一年期定存利率大多在 8% 左右。2012 年 6 月中央銀行的基準利率為 1.875%，銀行一年期定存利率只剩 1% 左右。

2 $100 \times (1+8\%)^9 = 199.9 \fallingdotseq 200$

3 $100 \times (1+1\%)^{70} = 200.7 \fallingdotseq 200$

相比,「資產累積」的速度變慢,代表要用更長的時間才能達到原先想要的退休生活水準。不幸的是,物價壓力依然存在,生活開支不減反增,退休後的經濟來源便漸漸成了問題。

　　除了報酬率下降,導致退休資產累積速度放慢之外,退休之所以會成為近年來眾所矚目的話題,還基於下面二個原因:

人口結構老年化

　　人口老年化已經是世界性的問題。以台灣為例,2011 年底的平均年齡已接近 80 歲(79.18),其中男性 76 歲,女性則超過 82 歲[4]。以人口比例來看,65 歲以上老年人口已占 10.745%,並且預期在 2018 年達到 14%,2025 年超過 20%[5]。老年人口的比例升高,代表全世界的經濟取向都將無可避免地向高齡人口傾斜。過去算是小眾市場的看護、老年疾病、老人消費、老人安養、老人休閒娛樂等活動,現在已成為快速成長的一項專門產業。根據聯合國 2010 年的統計及預估,大多數的已開發國家,老年扶養率(Old age dependency ratio)都將超過 20%[6],這個數字在 1980 年代大多都在 10% 以下(見**表 10-1**)。換句話說,過去超過十個青壯年人扶養一個老年人,現在不到五個青壯年人就要擔負起一個老年人的生活。在未來,這個數字更有可能降到三,甚至是二以下[7]。

---

4 資料來源為行政院主計處。

5 2011 年統計資料來自內政部,至 2011 年 11 月;預估值則來自經建會估計。

6 老年扶養率(Old age dependency ratio),是指一國 65 歲以上的老年人口,相對於 15 至 64 歲青壯年人口的比重。這個比重越高,表示老年人口數和青壯人口越接近;換句話說,只能以越少的青壯人口供養一個老年人,也就是青壯年人的負擔變重。

7 例如 2030 年的日本,依照聯合國世界人口展望報告,2030 年日本的老年扶養率高達 52.9%,相當於不到二個青壯年人要扶養一個老年人。

表 10-1　全球主要國家老年扶養比的增長（%）

	1950	1980	2010	2020F	2030F
澳洲	12.5	14.8	19.9	25.5	31.5
巴西	5.4	6.9	19.4	13.8	20.0
中國	7.4	8.7	11.3	16.8	23.9
法國	17.3	21.9	25.9	32.9	38.9
德國	14.5	23.7	30.8	36.0	48.2
香港	3.7	8.5	15.3	25.4	41.9
印度	5.3	6.3	7.6	9.5	12.2
印尼	7.0	6.4	8.2	10.0	15.1
日本	8.3	13.4	35.5	48.2	52.9
韓國	5.2	6.2	15.4	22.4	37.3
馬來西亞	9.4	6.2	7.3	10.7	15.7
菲律賓	6.8	6.0	6.0	7.7	10.4
俄羅斯	9.5	15.0	17.7	22.5	29.4
新加坡	4.2	6.9	12.2	21.6	37.5
台灣	N.A.	6.7	14.5	22.6	37.6
泰國	5.9	6.4	12.6	17.5	26.1
英國	16.2	23.3	25.1	29.4	34.4
美國	12.8	17.1	19.5	25.3	32.7
越南	6.6	9.1	8.5	11.4	18.3

資料來源：聯合國世界人口展望報告（2010），台灣預測資料為內政部

　　老年扶養人口越高，在數字上代表著青壯年人口的負擔越大，但更有可能的狀況是，青壯人口為了養活自己及下一

代，對老年人的照護和責任反而更少，所謂「負擔越大形同沒有負擔」。現在正在打拼的職場人，應該為自己必定會面臨到的未來打算。

傳統退休給付的支應能力降低

根據世界銀行的規劃建議，老年人退休時的經濟安全和財務保障，可以由三種型式共同達成，又稱為三大支柱（Three Pillars）：

1. 基礎年金[8]：在美國為社會安全給付，在中國是社會保險基金[9]，在日本、台灣則是國民年金。由政府主辦，一般民眾皆可參與，提供退休時最基礎的生活保障，屬於全社會的保障。
2. 職業年金：視職業本身參與的退休金制度。在台灣，公務人員有退輔基金，勞工則有勞保基金及勞工退休基金等等。視工作年資和提撥金額決定退休時的給付水準，屬於職業強制性的退休計劃。
3. 私人儲蓄：不論是自己的存款、長輩的贈與，或是未來子女的奉養，還是購買商業保險、定時定額投資基金、跟會等等，為了退休所需的資產累積，屬於自願參加的計劃。

這三大種支柱，從「國家—職業—個人」共同建構退休保障，看似相當完善，然而過去十餘年來，全世界的經濟環境面

---

8 所謂年金（Annuity）是指一段時間內，定期或不定期的現金收入或支出方式。例如投資的配息、支付租金、分期付款、提列折舊等都算是廣義的年金。而一般所稱的年金，多半單指保險給付方式，例如退休後按月支領的退休金。

9 美國社會安全保險和中國的社保基金分別包含多種保險範圍，此處僅指退休保險。

臨了極大的轉變，傳統歐美日等經濟強權經濟進入成熟期，已無法帶動持續快速成長，新興國家成長雖快，但規模仍不足以拉動全球。同時間全球金融市場經歷了數次，每次均是「前所未有」的金融危機，從 1997 年的亞洲金融風暴、1998 年俄羅斯債務風暴及長期資本管理公司（LTCM）破產危機、2000年網路泡沫、2007 年次貸房地產泡沫、2008 年雷曼兄弟倒閉、2010 年至今的歐債危機。過去退休金資產賴以穩健獲利的模式遭受破壞，又逢戰後嬰兒潮屆齡退休（見本書第四章），不論是政府公部門的退休計劃，或是職業性的強制退休計劃，不但資產無法有效累積，還要面臨龐大的退休給付壓力。

單就最近的 2008 至 2010 年三年間，歷經金融海嘯及歐債危機，根據 OECD 的統計，世界主要國家的政府公共部門退休準備金（Public Pension Reserve Funds）的平均投資報酬率為 -0.3%（見**表** 10-2），強制性的職業退休基金平均投資報酬率為 -1.1%（見**表** 10-3），表示這三年間大部分的退休資產並未持續增加。

退休資產在投資收益上進帳有限，然而在支付退休金的速度卻開始增加。OECD 統計出每年退休金給付占國民生產毛額（GDP）的比重，近年來呈現持續性的上升（見**圖** 10-1）。以美國為例，退休金給付在 2003 年時僅占有當年 GDP 的3.89%，到了 2010 年比重上升為 4.45%；同時期英國也從2.89% 上升至 3.32%。本書第四章曾經為大家計算過，美國第一批戰後嬰兒潮始自 1946 年，至 2011 年正好屆滿 65 歲。如

表 10-2　OECD 主要國家公共部門退休準備 2008 至 2010 年平均
投資報酬率

	2008-2010 平均投資報酬率（％）
美國	3.1
法國	-4.9
加拿大	0.9
韓國	3.1
西班牙	2.5
挪威	2.0
愛爾蘭	-6.3
紐西蘭	-7.7
葡萄牙	-0.3
墨西哥	1.9
18 個政府計劃平均	-0.3

資料來源：OECD Global Pension Statistics，資料為實質報酬率

表 10-3　OECD 主要國家職業強制性退休金 2008 至 2010 年平均
投資報酬率

	2008-2010 平均投資報酬率（％）
美國	-1.7
法國	3.3
加拿大	-0.2
韓國	4.3
西班牙	-3.8
挪威	0.7
愛爾蘭	-0.5
紐西蘭	-1.9
葡萄牙	-0.8
墨西哥	1.8
26 國平均	-1.1

資料來源：OECD Global Pension Statistics，資料為實質報酬率

圖 10-1　OECD 部分國家退休金給付占當年度 GDP 比重

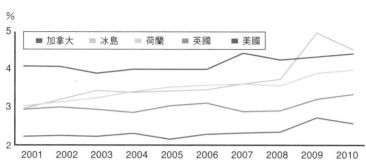

資料來源：OECD Dataset: Funding Pensions Indicator，取自 OECD 官方網站

同 1946 至 1964 年嬰兒潮所帶來的消費狂潮一樣，未來十八年，來自戰後嬰兒潮的退休給付需求將會明顯增加。台灣現有退休金計劃，無論是政府主辦的國民年金、勞工保險，還是職業強制性的退休金制，都形成莫大的資產增值壓力。一旦資產累積速度無法跟上，而且超越未來的給付需求，世界銀行規劃的三大支柱中，前二大支柱就會面臨無法支應基本退休生活所需的問題。

「說了這麼多，我們的退休金還是得靠自己。」

沒錯，這也使得第三支柱，也就是個人的投資理財、退休規劃，在最近幾年越來越顯得重要的原因。

「不過，我們的勞退新制不是有保障收益嗎？我記得是至少會有二年定存利率，不夠政府會補足？」

沒錯，我們的勞退新制條例當中的確有這一條，由政府出面保證勞工提撥的退休金會有二年定存的收益[10]。立意一定是良善的，也相信政府有實現的誠意，但是我們的退休生活，總

10 《勞工退休金條例》第二十三條第二項：「依本條例提繳之勞工退休金運用收益，不得低於當地銀行二年定期存款利率；如有不足由國庫補足之。」

不能還是寄望「政府補助」、「二年定存利率」去維持。姑且不論在目前的低利率環境下，二年定存利率根本無法打敗物價膨脹的問題；更大的風險在於：**如果政府債台高築，無力再舉債支應其他開支時，退休金往往就是第一個被犧牲的對象**。到時候，只要修法就可以解決了。

「不會吧，連制定的法律都可以改，這樣政府不就是信用破產了？」

你以為這樣的事情少見？這不就是這些年歐洲國家政府的作為嗎？

退休準備「靠自己」

根據 OECD 的統計，三十四個 OECD 的國家當中，退休所得替代率[11]最高的國家是冰島，高達 96.9%，最低是愛爾蘭，僅 29%，平均 57.5%[12]（見**圖 10-2**）。而根據我國勞委會的估計，勞保退休給付現行是每年 1.55%，以工作三十五年為例，就有 54.25% 的所得替代率，這還不包括勞退新制所提供的額外給付，加總起來將達 80%[13]，超過世界銀行所建議的 70%。

表面看起來，我們這一代只要認真工作三十五年，就會有不錯的退休生活。但是這些數字，都是基於現在的條件，

---

11 退休金所得替代率（Pension Replacement Rate），是指退休後的所得和退休前所得的比率，是衡量退休後生活和退休前差異的指標。100% 表示與退休前所得相當，世界銀行建議至少維持 70%。

12 本段引用之 OECD（經濟合作暨開發組織的資料），為 OECD 統計並公布之官方數據，資料時間為 2011 年 11 月。

13 根據勞委會的估算，每年薪資成長率 1%、勞工退休基金投資報酬率 4%、平均餘命 20 年之假設前提下，勞工工作年資 35 年之退休金所得替代率約為 27.4%。另勞工保險每年所得替代率為 1.55%，保險年資 35 年者之所得替代率為 54.25%，兩者合計勞工退休時所得替代率約達 81.65%。

圖 10-2　OECD 主要國家所得替代率

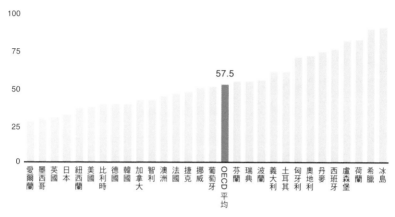

資料來源：OECD Dataset: Pension Replacement Rate，取自 OECD 官方網站

　　包括人口結構、平均壽命、經濟狀況、薪資與物價水準等所
作出的假設。更重要的，是假設「大家退休時都領得到」。
可是目前看看歐洲國家，為了解決政府債務問題，各國都相
繼修法削減預算，其中一項重要的福利削減就是退休金。例
如英國每年將減少 320 億英鎊的退休金支出以減少債務；法
國除了削減退休給付，另外還提高退休金提撥率；其他歐豬
國家如希臘、西班牙、義大利為避免債務破表，都優先選擇
大幅刪減退休金給付。不但如此，各國陸續修法通過提高退
休年齡，工作時間更長，領取退休金時間更晚。可見**在眼前
的危機下，這一代或是下一代的幸福都會被優先犧牲** [14]。

　　「看來退休最後還是得靠自己。」

---

14 資誠（PriceWaterhouseCoopers）會計師事務所 2012 年 5 月發布，根
　據英國國家統計局的國民預期壽命，預測針對英國退休市場變化的估計，
　2012 年出生的英國寶寶會工作到 77 歲才能退休，他們的下一代則會工作
　到 84 歲。不過前者平均可活到 97 歲，後者平均壽命將達 104 歲，但是兩
　代人還是維持二十年的退休生活。

　　你別感到無奈。雖然台灣的債務狀況並不容許樂觀，所謂對退休金的「估算」和「保證收益」沒有人能夠掛保證實現，但因為退休是我們大多數每個人都會面臨的問題，面對問題總比抱怨來得實際。我在這裡要告訴你幾個重要的退休金資產的觀念，相信對你從今天開始的退休投資目標會有很大的幫助。

累積退休金資產的重要觀念

　　「真的嗎？要買那些？會賺多少？」

　　呵呵，你又在想直接給魚的問題。記住，沒有人能知道未來二十年、三十年的魚在那裡，忘了這些未知的魚吧，我們這兒給的是魚竿。

退休資產的累積，靠自己是常態

　　我要給你的第一個觀念是：**退休資產的累積，靠自己是常態**。

　　目前全世界一片削減退休金資產的聲浪，大多都是針對傳統的**確定給付制**（Defined Benefit，簡稱 DB 制）的退休金制度。這個制度下的退休給付，與個人工作年資和薪資高低有關，和工作期間每個月提撥的金額無關；換句話說，無論在工作期間提撥金額多少，投資效益好壞，**只要符合年資和薪資的條件，就可以領一定數額的退休金**。這個制度下計劃主辦人（通常是政府）負有最後的支付責任。前面說過，

這個制度在過去高利率的「資產累積」時代可以相安無事，但是面臨嬰兒潮退休、少子化、利率水準降到歷史低點的「資產保護」時代就出現問題。

我們這一代，甚至下一代都必須建立一個觀念，那就是「退休的生活靠自己」。過去靠政府、靠別人、靠下一代養的「大鍋飯時代」已經結束，不用太過寄望未來領不領得到、或能領到多少國民年金、勞保年金、或是退輔年金，「自己」才是累積退休金的主體。

相較確定給付制，另一種確定提撥制（Defined Contribution，簡稱 DC 制）是一種操之在我的退休制度。這個制度下的退休給付，與這個人提撥多寡，和投資績效有直接的關係；換句話說，**退休時所能領回的退休金數額，等同於這個人工作期間提存在自己退休金帳戶的本利和**，別人無法分享。我國自 2005 年 7 月正式實施勞退新制，也就是個人帳戶制，就有點類似這樣的制度。

「為什麼叫『有點』類似？」

我們的勞退新制，已經具備了「個人帳戶制」的雛形，但是在資產管理上，卻仍然走著過去「集合管理」的模式。每個月雇主替我們提撥的 6%，自己也可以另外再提撥 6% 的退休基金，帳戶上是屬於我們自己的，但資金仍然是集合在一起，統一管理，統一投資在股票、債券、定存、基金等等資產上。換句話說，每個人的退休金投資，無論你是 25 歲年輕人，或是 55 歲面臨退休的中年人，在同一段時間內的收益

率是相同的。這種「齊頭式」的方式累積資產，並不符合確定提撥制「因人而異」的精神，因為 25 歲年輕人的財務規劃，和 55 歲中年人必然不同；況且，個人經濟條件、家庭背景、風險屬性、保障需求也不一樣，對退休需求的看法也不一致，「集合管理」的模式恐怕只能應付一部分人的需求。

不過，勞退新制至少踏出了一步，讓自己對自己的退休金負責。除此之外，每個人最好還有私人的退休金準備，也就是前面講的第三項支柱。

將退休金設為一個長期的，而且是必須達成的投資目標，我們在第九章曾經討論過很多，設定投資目標後的投資行為，在這裡不需要重複。如果你能夠真正認識到投資本質，自己才了解自己，「靠自己」存退休金是順理成章的事。

退休資產的需求，比想像中的多

我要給你的第二個觀念是：退休資產的需求，比想像中要多。

要存多少退休金才夠，每個人心中都有一把尺，很難用一個絕對數字在表示，不過，一般都會有一個簡單的估算方式。好比說小李是一個 35 歲的上班族，月薪 45000 元，假設平均薪資成長率為每年 2%，用簡單的計算就可以得出，65 歲退休時，月薪將成為 81511 元 [15]。

「嗯，很合理。」

然後假設退休後的開銷為退休前的 70%，因此估算退休

---

15 $45,000 \times (1+2\%)^{(65-35)} \fallingdotseq 81,511$。

後每月需要 81511×70%=57058 元。

「對。」

最後再假設小李退休後有二十年的生活，每月 57058 元，按按計算機便可以得到 1,370 萬這個數字 [16]，也就是退休時應該要具備的退休金。當然啦，扣除掉你可以領到的國民年金、勞保年金、勞退新（舊）制等各式退休金，或許小李自己不用存到 1370 萬那麼多。

「很好啊，有什麼不對嗎？」

不對。

不對在那兒？

首先，這個計算**完全沒有考慮到通貨膨脹的問題**。因為假設薪水年成長 2%（我們姑且相信它會實現吧），35 歲的 45000 元到了 65 歲會成為 81511 元；不過，如果每年的通貨膨脹也是 2%（這個假設並不離譜），也就是說每年好不容易的薪資成長都會被物價吃掉。到了 65 歲退休前，小李雖然拿的是 81511 元的薪水，實質上的購買力 [17] 卻還是只有 35 歲時的 45000 元而已！如果再用 70% 計算退休後的開銷，也就是說六十五歲退休時的實質購買能力，只有 35 歲時的 70%，而不是 65 歲的 70%，也就是 45000×70%=31500 元。小李會覺得夠嗎？

「……不一定夠。」

而且，這還沒有計算退休後二十年，每年也會有 2% 的通貨膨脹。再把這個計算進去，到了 85 歲的預估人生終點時，

16 57,058×12×20=13,693,920 ≒ 1370 萬。

17 實質購買力，是指貨幣實質能夠購買商品及服務的能力。假設通貨膨脹 2%，今年價值 100 元的東西，明年大約要用 102 元才買得到；換個角度想，明年 100 元的購買能力比今年的 100 元要低，大約只能買到今年 98 元的東西。

小李退休時每個月的 57058 元，實質購買力只相當 35 歲時的 21199 元而已 [18]。這麼說吧，三十年後的 1370 萬元其實並沒有想像中那麼多。

「我了解了，今天的 1370 萬不等於三十年後的 1370 萬。」

不僅不等於，應該是小於。好了，我們來談第二個被忽略的問題。

第二，這個計算**也沒有考慮到其他開銷的問題**。退休生活除了食衣住行日常開銷之外，還有一些其他的開支要考慮。

「你是說像旅遊啦、參加老人社團啦等等？」

這些開銷當然可以提高退休生活品質，但這是因人而異的，我提一個每個退休人都必須面對的問題，這個問題會大幅影響退休理財的規劃。

圖 10-3 顯示台灣地區每人每年的平均醫療費用，紅色部分是 60 歲以上的老年人的醫療開銷，很輕易的看出來年齡越高，醫療開支越大。目前台灣的平均壽命是 80 歲，如果以這個平均數字為準，一個 65 歲的退休人士，在他的退休生涯中，平均得花 150 萬元左右的醫療費用 [19]。如果依照前面計算的 1370 萬元的退休金準備，醫療費用至少會排擠掉 11% 的退休金。這還只是平均水準，沒有計算特殊醫療支出，也沒有考慮通貨膨脹因素，更沒有參考平均壽命不斷增加，醫療開支會節節升高的問題，真實的開支應該遠高於 150 萬元的水準。

「等一等，我們有健保給付，應該不用準備這麼多吧？」

18 $31,500/(1+2\%)^{20} \fallingdotseq 21,199$。

19 $69,703 \times 5 + 100,992 \times 10 + 130,434 \times 1 = 1,488,869 \fallingdotseq 150$ 萬。

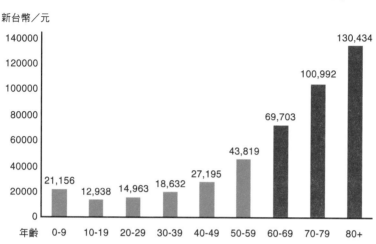

圖 10-3　台灣地區平均每人每年醫療費用統計（2010 年）

資料來源：行政院衛生署、內政部，以民國 99 年年中人口數平均計算

　　有了健保當然有了基本醫療保障，但退休醫療項目可遠比看病支出多得多，比方自費藥物、看護、長期照顧、復健、安養支出等等。有些不在健保的保障範圍內，必須尋求商業保險或其他管道。這些都不是前面計算退休後每個月拿表面的57058 元，或是實質上只剩下 31500 元購買力的所得可以支應的。

　　通貨膨脹和醫療開銷，都是我們在規劃退休金目標時必須考慮的因素，但是大多數人都會著重在投資些什麼，「如何累積」，其實「該累積多少」才是第一步。

　　「可是這些算法都好麻煩，而且很難懂。」

　　你可以用 Excel 試算表軟體幫你試算，現在也有很多研究

退休投資網站也有提供線上試算，你都可以多方嘗試[20]。如果還是覺得很難，我提供一個簡單的算法，可以得出一個概略的退休金需求，你的目標可以參考這個基礎作為開始。

目前月薪 × 所得替代率 ×〔1 +（距退休前可工作年資）×（薪資成長率＋物價膨脹率）〕×12×（退休後年數）＋平均醫療開支 150 萬 ×2

以前面小李的例子來看：

目前月薪 45000 元，薪資成長率 2%，物價膨脹率 2%，還要工作三十年（35 歲至 65 歲），所得替代率 70%，退休後還有 20 年的退休生活（65 歲至 85 歲），加上 2 倍的平均醫療開支，小李在 65 歲時的退休準備目標應為：

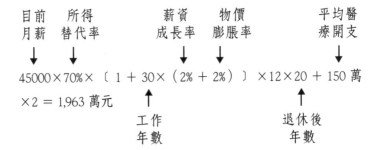

這個簡單公式，沒有考慮複利和未來平均壽命增加的問題，是一個概略性的算法。在這個算法之下，新的退休準備目標比起原本計算的 1370 萬元要多出了 43%。

退休資產的累積，不是一條直線

我要告訴大家的第三個觀念是：**退休資產的累積，不是一條直線。**

相信大多數人都同意，退休資產的累積是越早開始越好。一般說明這個概念通常會舉二個常見的例子。

第一個例子是：要存 1200 萬元，越早開始越輕鬆。

表 10-4　65 歲退休時存有 1200 萬元，**每月投資的試算表**

開始年齡／年化報酬	2%	4%	6%
25 歲	16,312	10,119	5,996
35 歲	24,314	17,232	11,887
45 歲	40,638	32,609	25,843
55 歲	90,266	81,223	72,860

同樣要在 65 歲存到 1200 萬退休金，無論年化投資報酬率多少，越早開始，每個月的負擔越少。如果一個 25 歲的年輕人，剛入社會就開始存退休金，到 65 歲（如果那時還是 65 歲退休的話）為止會有長達四時年的累積期間，以年化 6% 的報酬率來看，每個月將近 6000 元（5996 元）就可以累積 1200 萬元的退休金。換句話說，「用時間換取空間」，用時間價值換取最小的投入代價。

第二個例子是：每月投資同樣一筆錢，越早開始，到 65 歲退休時能累積越多。

表 10-5　每月投資 6000 元，至 65 歲退休時累積的退休金

開始年齡／年化報酬	2%	4%	6%
25 歲	4,413,958	7,115,407	12,008,689
35 歲	2,961,280	4,178,177	6,057,226
45 歲	1,771,729	2,207,983	2,786,107
55 歲	797,645	886,444	988,192

　　同樣是每個月投資 6000 元，不論報酬率是多少，越早開始投資，能夠累積的就會越多。第二個例子和第一個例子其實是同一個觀念，只是用不同方式表現。它們都傳達了「越早開始累積退休越好」的想法。

　　「這又不對嗎？」

　　也對，也不對，應該說不完全對。

　　這一代的年輕人，「早點開始面對退休課題」是對的，因為「靠山山倒，靠人人倒」，靠自己最好。至於要不要很早就開始存退休財，得視本身的狀況而定。

　　但是退休資產的累積，是一條漫長的路程，並不一定如**表 10-4** 和**表 10-5** 那樣完美。以前面的小李作例子，假設他民國 71 年時正好 35 歲，很有前瞻性的想到未來退休的生活開銷，於是選擇最保守的存款方式累積退休金，每個月投資 6000 元在銀行定期存款帳戶，當時的利率有 6%[21]，如果世界如此美好，小李會想像三十年後退休時，帳戶會有 606 萬元的退休金可用，如同**表 10-5** 所列；而資產累積的路徑，則

21　此處的新台幣定存利率是引用中央銀行「本國銀行存款加權平均利率」資料，事實上民國 71 年時的存款利率是 9% 左右，不過為求舉例說明簡便性，以每十年的平均存款利代表。民國 70 至 79 年平均存款利率為 6.13%（以 6% 計算）、80 至 89 年為 5.84%（以 5% 計算），90 至 99 年為 1.56%（以 2% 計算）。

如同圖 10-4 的藍色線所示：

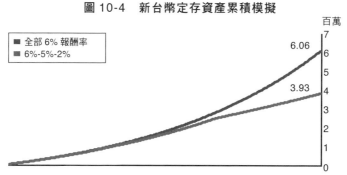

圖 10-4　新台幣定存資產累積模擬

資料來源：BP Statistical Review of World Energy Full Report 2012

　　可惜，世界並不是想像中完美，三十年前的小李，並不會想像得到有一天會有亞洲金融風暴、網際網路泡沫化、金融融海嘯及歐債危機。更難理解有一天利率會跌到只剩 1%。但是事實就這麼發生了，平均利率水準從民國 70 至 79 年的 6%，到民國 80 至 89 年的 5%，民國 90 至 99 年卻直直落到不可思議的 2%！

　　這下可糟了！原本美好的藍色曲線被硬生生往下拉到紅色曲線，606 萬也降為 393 萬，少了 213 萬元！小李在民國 101 年將面臨退休，但是辛苦存下的退休金卻縮水了，不如原本的想像！

　　存款是累積資產最保守的方式，即便如此，都會遇到利率下滑的風險。今日的世界利率只有 1%，甚至是 0%，累積

資產的方式已不能靠存款（1% 的利率下，資產翻倍要花 70 年），因此投入較高風險的資產已是必然的趨勢。這些資產可能給予較高的報酬率，但也可能造成虧損，累積資產的路徑會更不穩定。我來舉另一個例子說明：

S&P 500 指數是美國前 500 大企業的綜合指數，是美國股票市場的代表性指數之一，這個指數也經常被用來說明長期投資的成果，如圖 10-5：

圖 10-5　美國 S&P 500 指數長期走勢

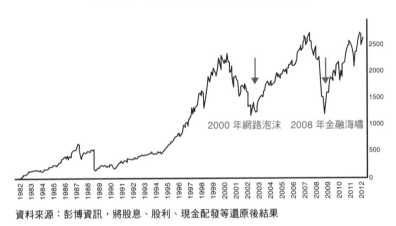

資料來源：彭博資訊，將股息、股利、現金配發等還原後結果

從 1982 年 6 月，到 2012 年 6 月，這個指數的漲幅將近 2600%，年複合報酬率達到 11.6%，表示如果拿一筆錢投資在這個指數三十年，可以賺將近 26 倍。從長期投資的角度來看，的確是個很好的標的；可是，從圖中也可以明顯看到，

2000 年網路泡沫、2008 年金融海嘯，都對股市造成極大的衝擊，指數在短期間大幅下滑。

假設剛才小李在民國 71 年（1982 年）6 月並沒有把錢存在銀行，反而開始投資 S&P 500 指數，每月同樣投資 6000元，而且只進不出，儘管中間遇到百年難得一見的全球金融危機，到了民國 101 年 6 月面臨退休時，本利和總共有 729萬元。雖然定時定額稀釋了獲利，沒有 26 倍的報酬，但同時也分散了風險，至少在退休時有高於定存的報酬（見**圖 10-6**的 A 點）。

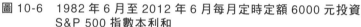

圖 10-6　1982 年 6 月至 2012 年 6 月每月定時定額 6000 元投資S&P 500 指數本利和

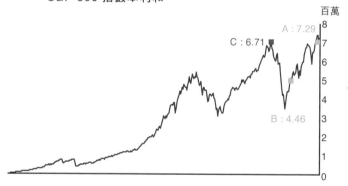

不過，小李的同事小張的運氣就不一樣了。小張只比小李大 3 歲，當時 38 歲的小張學著小李，也開始每月 6000 元的定時定額，投資在 S&P 500 指數。也經歷了市場波動和起伏。只是到了 2009 年 6 月小張 65 歲要退休時，發現長期累積的投資，才剛經過百年難得一遇的金融海嘯，退休金資產

縮水到剩下 446 萬元（見**圖** 10-6 的 B 點）。這時小張會不會心想：如果我早一年半退休，不但早點含飴弄孫，退休金還多了 225 萬元（見**圖** 10-6 的 C 點）？

更諷刺的是，三年後小張退休了，只小自己 3 歲的小李，這三年間定時定額只多扣款 21.6 萬元（6000 元 ×12 月 ×3 年），但退休金卻比自己足足多拿了 283 萬元！

這是用最佳長期投資標的 S&P 500 為例，事實上，有多少退休金投資，放在股票、房地產、避險基金，累積了一輩子，在金融海嘯期間一夕成為泡影！

圖 10-7　風險性資產累積過程的可能區域（例）

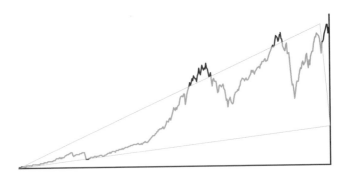

我們必須認知一點：**退休金投資即使放在最保守的定存，也存在著風險。**更何況是風險性資產，無論是股票、指數、基金，還是連動債、高收益債、公司債。投資報酬曲線往往不像試算時那麼盡如人意。更精確的說，退休資產的累積，並不是一條直線一路往上，而是一片充滿各種可能的區域（如

圖 10-7）。大賺和大賠的機率雖然不高，但確實存在。同樣的投資行為，小李因為晚生了三年，躲過了退休時資產大幅縮水的時刻；但小張就遇上了百年難得一見的風險。

「那怎麼辦？投資風險資產可能血本無歸，太保守又不夠。」

在低利時代，我們很難再靠著過去穩定保守的方式累積退休資產，也得要有「不靠政府養」的心理準備。為了累積足夠的退休金，風險性資產已是退休金投資必須考慮的對象，面對市場捉摸不定的風險，我們要學習去管理它，而不是躲避它。

我們再回到前面的例子。假設小李從前面的簡易計算中，以 70% 的所得替代率，設定退休金的目標為 1963 萬。其中 300 萬醫療支出，可以由健保和商業保險中獲得保障，因此，單純退休所得的部分為 1963 萬 － 300 萬 ＝ 1663 萬元。

1663 萬元是 70% 所得替代率下的目標退休金，小李認為，自己在退休時應可另外累積 150 萬元的存款，而政府的國民年金、勞保年金、勞退給付僅能支應餘額的 5 成，剩下的都要靠自己長期投資來累積 [22]。因此他的長期投資目標成為：

（ 1663 萬 -150 萬 ）×（ 100%-50% ）≒ 757 萬元

如果一切如劇本般的設計，小李每月 6000 元投資 S&P 500 指數，到了退休時可以累積 729 萬元，和 757 萬元的目標相去不遠。但是，小李卻認為，自己必須考慮到風險問題。因此，他多設想了風險情境：如果退休金投資失當，他最低可以接受的所得替代率是 60%，所以他的最低可接受的投資目標成為：

---

22 這個假設相當於政府主辦的各項退休金計劃，總共僅能提供 70%×50%=35% 的所得替代率。

[1663 萬 ×(60%/70%) － 150 萬] ×(100% － 50%) ≒ 638 萬元

這就是他最大的風險接受度。換句話說，萬一在退休前夕遇上了金融海嘯，小李能夠忍受和 757 萬長期理想目標的差距是 119 萬（638 萬－757 萬），還可以保持 60% 的所得替代水準。換算成比例為：

（638 萬 － 757 萬） / 757 萬 ≒ － 15.7%

-15.7% 不是投資虧損的比率，而是最低限度目標與長期理想目標的距離，它應該是在任何投資機會選擇中不能碰觸到的下限。

這是退休金風險管理的基本，但最重要的知識，我現在把它告訴你。

👁 人一生中最大的投資課題

投資和管理是一門高度專業且複雜的學問，實際的操作上還需要相當多的細節和技術。這也是為什麼在國外被視為一個專門的產業，有大量的人才和技術投入。與其要我介紹好的投資標的，但事實上，今天介紹的標的三個月後可能就不適用。投資環境是不斷在變化的，今天我們身處低利率環境，大家也都擔心歐債問題和歐洲經濟衰退，但是明年、後年，五年、十年後恐怕又是另一番景象。大多數具有長期投資績效的產品，只要不是太冷僻，或是流動性太差，都可以當作退休投資的參考；就像本書第九章告訴大家的，幾乎任

何一種產品都可以讓積極型、穩健型、保守型的人投資一樣，關鍵不在於有沒有投資到明天就大賺的產品，而在於自己是不是真的了解自己的投資屬性和需要。

第九章不斷重複一個概念：越長期的投資，停利的動作越重要！誰都知道投資要「買低賣高」，停利就是強迫你賣在高點。惟有在市場一片看好聲中落袋為安，才有可能在不景氣時有足夠的本錢低進。如果小李在三十年的累積過程中，在景氣高點執行停利但不停扣，然後在景氣低迷時分批買進，它在退休時累積資產就很有可能超過原本試算只進不出的 729 萬，而理想目標 757 萬並不是遙不可及。

還有，不要忘記，等到 65 歲退休時，可能還有二十年以上的壽命。在人越活越長壽，越活越健康的趨勢下，退休後持續投資，或是尋求事業第二春，創造「延伸性就業」，無論是兼職、臨時工作、創業等。不但豐富退休生活，也可緩解退休支出的壓力，這是未來的趨勢，你可千萬不要忽視它！

◀ 參考資料

1. André Laboul, "Pension Markets in Focus 2011," OECD, July 2011.
2. Mercer, "Asset Allocation Survey-European Institutional Marketplace Overview 2012-Country Profiles," June 2012.
3. Mercer, "Asset Allocation Survey-European Institutional Marketplace Overview 2012," June 2012.
4. United Nations, "UN World Population Prospects," 2010 version.
5. 楊紹華，「退休金大騙局」，今周刊，第 812 期。
6. Neal Soss and team, "Climbing Retirement Mountain: Baby Boomers and the Budget," US Economics Digest, Credit Suisse, May 2, 2012.

國家圖書館出版品預行編目資料

迫切的擴張：搞懂理財、輕鬆退休！／Jack 著. --
初版. -- 新北市：葉子，2013.01
面； 公分 --（財經晚點名）
ISBN 978-986-6156-12-0（平裝）

1. 國際經濟 2. 經濟預測

552.1   101026907

財經晚點名

迫切的擴張 搞懂理財、精彩退休！

作　　者：Jack
出 版 者：葉子出版股份有限公司
發 行 人：葉忠賢
總 編 輯：馬琦涵
企劃編輯：吳韻如
內頁設計：亓祥安
封面設計：Noran Chen
印　　務：許鈞棋
專案行銷：高明偉
地　　址：222 新北市深坑區北深路 3 段 260 號 8 樓
電　　話：(02)8662-6826
傳　　真：(02)2664-7633
E-mail：service@ycrc.com.tw
網　　址：http://www.ycrc.com.tw
印　　刷：新翔印刷事業有限公司
ISBN：978-986-6156-12-0
初版一刷：2013 年 1 月
定　　價：新台幣 280 元

總 經 銷：揚智文化事業股份有限公司
地　　址：222 新北市深坑區北深路 3 段 260 號 8 樓
電　　話：886-2-8662-6826
傳　　真：886-2-2664-7633

222-04
新北市深坑區北深路三段260號8樓

揚智文化事業股份有限公司　　收

□□□-□□
地址：　　　市縣　　　鄉鎮市區　　　路街　段　巷　弄　號　樓
姓名：

葉子出版股份有限公司

讀・者・回・函

購買的書名 _____

姓名 _____ 性別 □男 □女 年齡 _____

E-mail _____

教育程度□高中職以下□大專□碩士□博士以上

職業別　□學生　□服務業　□軍警　□公教　□資訊　□傳播　□金融
　　　　□製造生產　□其他 _____

購書方式　□書店 _____　□量販店 _____
　　　　　□網路 _____　□其他 _____

購買原因　□喜歡作者　□對書籍內容感興趣　□生活或工作需要
　　　　　□其他 _____

喜歡哪一類型的書籍 _____

希望本公司出版哪方面的書籍 _____

您的寶貴意見 _____
_____
_____

感謝您購買本書，填寫完畢請您直接寄回（免貼郵票），我們將
不定期寄發最新書訊，以及優先通知您相關優惠活動。